我的泰国养老生活1
（简体字版）

My Retirement Life in Thailand 1 (in simplified Chinese characters)

B杜

Copyright © 2023 by B杜

All rights reserved.

No part of this book may be reproduced in any form or by any electronic or mechanical means, including information storage and retrieval systems, without written permission from the author, except for the use of brief quotations in a book review.

British Library Cataloguing-in-Publication Data. A CIP catalogue record for this book is available from the British Library.

ISBN 978-1-915884-26-8 (ebook)

ISBN 978-1-915884-25-1 (print)

For my Family

前言

老公对泰国的初始印象，一是曼谷市区有牛，二是他被一个泰国男人给骗了。

讲到牛，三十多年前的曼谷市区有牛应该不致于太离谱，但老公却不止一次提起过，可见这件事对他而言相当新奇，至于他被骗一事，我怎么听都有"似曾相识"的感觉。

"他带你去喝酒，你就跟着去，难道没怀疑过？"我问。

"没有，因为他看起来很老实的样子，我压根儿就不相信他会骗我。"

话说刚大学毕业的老公决定在就职前好好轻松一下，所以拿上暑期打工攒下的钱，飞往当时还很落后贫穷的泰国，没想到第一站（曼谷）便被骗，这大大影响后面的行程。

"你喝了天价的酒,那个骗子也喝了吗?"我又问。

"喝了。"

"他付钱了吗?"

"付了。"

"也许他也是受害者。"

"我原本也这么想,但我一说身上没那么多钱,那人迅速和老板交换一下眼神,然后要我有多少付多少,刹那间,我全明白了。"

我心想这不就是现在的酒托(诱骗他人来店消费高价酒水的一种骗局)吗?原来三十多年前早被泰国玩过了。

"经此一事,你大概变聪明了吧?!"我说。

"我本来就聪明,这跟智商无关,而是某些时刻,你得选择相信。"

说完老公对泰国的初始印象,现在谈谈我的,我的第一次出国发生在大学毕业后两年,且第一站就是昂贵的欧洲行(花了我近一个月的薪水),而我是在大四时认识老公的,换言之,当他说我长得像泰国人时,其实我并没有去过这个国家,所以难免有刻板印象。

"啊？我长得这么丑？"我捂着脸问，心如死灰。

"不，泰国女人很漂亮的。"他答。

等我后来实地考察过后，发现老公话里的真实性只占一半，泰国女人漂亮的有（大眼睛、高鼻梁、小蛮腰……），但丑的也不在少数（粗壮的身材、扁平的五官、烧焦了的肤色……），不过他说我长得像泰国人一事却是百分百正确，这点我会在以后的篇章里提及。

Anyway，在忙活了大半辈子之后，我和老公终于能开启人人称羡的退休生活，地点就选在泰国，现在就跟随我的目光，看看发生在这个美丽国度的各种新鲜事吧！

1、小红球之谜

赴泰养老前,我曾为自己描绘了一幅美丽的蓝图——每天,一人一狗漫步于山间小路,风在吹,云在飘,鸟在叫……

没想到我的"美梦"第一天便被神出鬼没的流浪犬给击碎,搞得我只敢在住家附近遛达,不敢往远处跑。

一听说我的窘状,老公哈哈大笑地说:"养狗的人还会怕狗?妳的胆子未免也太小了吧?!"

话说展开养老生活前,我和老公已经往来泰国数次,对于这里的狗自认有一定的认识,好比它们都很佛系,不是乖乖躺在树荫下乘凉,就是挤在便利店门口蹭冷气等。殊不知那是在不带狗的情况下，一旦随身携带，我才发现"原住狗"也不是吃素的，对闯入者，轻则发出呜呜呜的警告声，重则一地狗毛。

自从第一天被"地头犬"龇牙咧嘴地警告过后，我自划安全路线——出门左拐，最远能走到蓝色垃圾桶，因为再过去就是小黑和小黄的地盘，小黄还好，顶多被它一路驱赶，小黑就难惹了，那样子像是要把我家泰迪给生吃活吞；出门右拐则能走远一点儿，只要四巷的小花没有穿过树林来三巷，基本可以走到路口的7-11再调头。

（注：三巷其实是小灰的地盘，但此狗的地域意识不高，对"外来犬"向来持宽容的态度。）

这一天，睡意尚浓的我起床上厕所，家里的狗以为我要遛它，高兴得上蹿下跳。

我往微波炉上的时间显示器一瞄，乖乖，06:45。

"宝贝儿，还不到七点哪！"我对狗说。

然而狗哪管得了这个，尾巴摇得比钢琴节拍器还勤快，我只好拿上狗绳遛狗去。

到了楼下，我不假思索便牵着狗往左拐去，谁让这条路段让我家的狗尿意和便意满满。

等解决了屎尿问题，我和狗没忘记在抵达蓝色垃圾桶之前调头，当行经两棵挂满椰子的椰子树时，代表白色电线杆近了（这根电线杆是附近松鼠们的梦中情杆，老有松鼠在此出没）。我特意在杆下小等一会儿，直至一只松鼠也没出现，才又继续前行，等路过挂满木瓜的木瓜树时，我果然又见到那个戴小帽的女人。

说起这个女人，我一直很好奇她为什么要戴上一顶可有可无的小帽子（看起来像是给孩子戴的），完全起不到遮阳防晒的作用，当然更谈不上装饰，因为毫无美感可言。还有，她的上身穿着花衬衫，底下却是男式及膝短裤，这样的穿搭虽奇怪，但也算不上离谱，离谱的是她天天都这么穿，从没换过，这就太不正常了。若说家里穷，连件换洗的衣服也没有，那也不对，因为我多次见她在大太阳底下搓洗衣服，洗完的衣服就晾在麻绳上，风一吹，挂在绳上的衣服就像万国旗一样飘扬！

再说她的住房，我该说这是木板屋？铁皮屋？还是两者的综合体？厉害之处在于它竟然还是栋楼房，只是二楼的层高不高，勉强算阁楼。

这一天，当我行经此处时，以为自己会像往日一样，成功避开与陌生人打招呼所带来的尴尬（戴小帽的女人总背对着我干活），结果这次她居然从坐着的板凳上站起来，转身朝我走来。

既然避无可避，我选择先释放善意。

"萨瓦滴卡。"我对她说。

"萨瓦滴卡bong。"她答。

我心想怎么多了个bong(念成三声)？此时，一个脸上有很多褶子的瘦小老人弓着背从屋子里走出来。

"萨瓦滴卡。"我对他说。

结果他也答"萨瓦滴卡bong"。

当场我的脑子里飞过很多问号，这个bong是语助词(无意义)还是有别的含义？男女生皆可用吗？是敬语吗?……

当我呆在原地"天人交战"时，老人的嘴里又飙出一串泰语。

" Sorry，I can't understand Thai language."我说。

话一答完，那老人转身进屋去，不一会儿的工夫又出现，跟着一同出现的还包括一个看起来脏兮兮的小红球。

"@+¥#&，"他指向我住的公寓，接着又指着我家的狗，"%¥*¥……"

我猜想他的意思是把球送给狗玩。

"口坤卡。"我道了谢。

说也奇怪，自从送过"礼物"之后，那老人便选择性眼瞎，对我和我家的狗视若无睹，让我不禁怀疑自己当初是不是会错意（球是卖给我的，不是送给我的），导致老人心中不爽。

话说回来，那个肮脏的小红球自从进了我家便不受待见，不仅狗不爱，老公还立马要我扔了，而我之所以犹豫不是因为贪小便宜（白得一个球），而是有难言之隐，因为戴小帽的女人做资源回收（我多次见她翻找我们这栋楼的垃圾桶），万一小红球又被她捡回家，她家老人岂不是气得七窍生烟？

就这样，为了维持邻里间的和谐，小红球静静地待在我家的屋内一角，直至某天被老公打扫出来。

"妳能不能把这个脏东西给扔了？"老公旧话重提，脸色很不好看。

思来想去，为了不破坏夫妻间的感情，我决定异地抛物，这样就不失礼了，不是吗？结果到了楼底下，我发现邻居俄罗斯大叔正与他家的狗玩,那个小红球怎么看怎么眼熟,不同的是人家的可要崭新许多。

我灵光一闪,莫非老人要我归还小红球给失主(俄罗斯大叔),而我却"中饱私囊"?果真如此,我岂不是跳到黄河都洗不清了?

2、GO GO GIRL

芭提雅有一条恶名昭彰，噢！不，声名远播的街道，那里是好色男女们的天堂，满足人类最原始的兽欲与偷窥心理……

"我看过那里的表演喔！"朋友曾神秘地对我说。

"什么表演？"我问。

"就是……什么都看得到，完全无遮挡。"

"妳当时是什么感觉？"

"很震惊，我以为多少会有块布盖着或者用帘子遮挡住，没想到就这么赤条条的。还有，我们是公司出游，男同事就坐在身边，那心情真是一言难尽，尴尬得不得了。"

基于猎奇心理，我后来拜访了那条有名的街道，不过没进去看，倒不是彰显自己有多高尚，而是我相信但凡人都有羞耻心（裸露癖者除外），真到那个地步，怕是有不得已的苦衷，我又怎能做到一边见证别人的苦难，一边无动于衷？

话说那次的"猎奇行动"（也是目前为止唯一的一次），我既没看表演，也没进酒吧喝一杯，而是在那条街上买下一个超大椰子，喝完便打道回府，以致多年后当Go Go Girl提起Go Go Dancing时，我还以为她是一名舞蹈老师。

说起这个鼻子上有鼻环，右腿上还有大面积玫瑰刺青的Go Go Girl，她算是我搬到芭提雅（正式开始养老生活）以来，第一个交谈最多的邻居，原因在于她也养狗，两人的遛狗时间又颇为一致，所以当我家泰迪忙着和她家的腊肠狗建立友谊时，我也无奈打开话匣子，因为比起两人大眼瞪小眼，无话找话显得正常许多。

"妳很幸运，至少腊肠狗不用剪毛。"我说（果然无话找话）。

"不不不，"她急着否认，"虽然不用剪毛，但家里到处都是狗毛，很烦人！"

这倒新鲜，我以为短毛犬不会掉毛。

"妳的狗是在芭提雅买的吗?"我又问(果然又无话找话)。

"不是,是我妈从俄罗斯寄来的。"

"妳有个好妈妈。"

"为什么?"

这还用问吗?母亲怕女儿在异国寂寞,所以寄了条狗给她。

我一答完,这个有着巴掌脸且颧隆鼻高的年轻女孩笑得好大声,让我颇感不是滋味。

"这里的工作不好找吧?!"我另起话题。

"很好找,我在Go Go Bar跳舞。"

此时,我的脑海里浮现一家叫Go Go Bar的舞蹈工作室,而她是里面的老师。

"妳的学生多吗?"我接着问。

"学生?"她笑得花枝乱颤,"多,很多。"

因为两次被她取笑,我隐约感觉自己说错话了,所以沉默了下来,刚好彼此的狗也"寒暄"完毕,于是我和她很有默契地同时Say Goodbye。

回到家,我立即上网查Go Go Bar,得到答案后,我懊恼自己太孤陋寡闻,以致闹了笑话。

"反正不会再见面了，"我安慰自己，"丢脸就丢脸了呗！"

谁知我和这个女孩竟然从此结下不解之缘，不仅天天见面，有时甚至一天见三回，没办法，双方都挑"比较不热"的时间段遛狗，加上她经常外出，即使不遛狗，也大大增加碰面的机会。就这样，这个外表极具野性美的女孩渐渐在一来二去的交谈中具体起来，包括她十四岁就辍学打工，后来发现当伴游比炸薯条轻松（同时来钱多且快），于是转换职业跑道。没成想，几年后的一场疫情导致有钱人都躲在家里不出游，她没了收入，只好跟着一个有固定退休金的老头过活，哪晓得看似人畜无害的老头也不让人省心，疑心病和控制欲像野草一样疯长，让她时刻如坐针毡，所以等疫情一过，她便果断飞到芭提雅当舞者。

"收入好吗？"我问。

"不错，每晚都有人请我喝Lady Drink，如果有人想Talk，我还能赚更多。"

"客人请妳喝酒，难道还得另外付聊天费？"

"不是那个Talk，"她掏出烟，咬住，点上，猛吸一口，"Talk要在外面Talk，分长Talk和短Talk，两者的价钱不一样，但我还是比较喜欢短Talk，因为要求长Talk的人通常比较变态，男女都一样。"

这个答案除了让我明白什么是Talk，还包括她的接单对象。

"妳喜欢妳的生活吗？"我问（其实內心真正想问的是她可喜欢这种声色犬马，每天面对生张熟魏的日子？）。

"我需要钱，谈不上喜欢或不喜欢。"

后来的几天，我和老公为了签证问题发愁，解决的方案之一便是先出境再进来，如果成行，家里的狗自然需要人照顾，我第一个想到的便是她。

听完我的提议（有偿寄养），Go Go Girl答："抱歉，两天后我要飞墨西哥。"

这很出乎意料，我认识她还不到三个礼拜，怎么说走就走？

"妳找到新工作了？"我问。

"新工作？"她笑得眼睛都眯起来了，"对，是新工作。"

"去多久？"

"不知道，看顾客想Talk多久。"

"狗呢？"

"顾客说他家的院子很大，狗可以跟过去。"

"妳有个好顾客。"

我猜我的回答让她联想起远在俄罗斯的母亲（我曾说过她有个好妈妈），所以表情有些"不可言喻"，不过她倒是同意允许她带狗的顾客是好顾客。

两天后，Go Go Girl果然带着她的狗一同消失，搞得我家的狗很抑郁，因为那条腊肠狗是它在芭提雅唯一的朋友（同栋楼的别条狗要嘛还不熟，要嘛太凶，总朝它狂吠）。

"放心，你的朋友应该很快会回来。"我对狗说，然后牵着它往路口的7-11走去。

3、路是俄罗斯人走出来的

几年前，当泰国政府决定重点开发芭提雅时，老公立马催促我前去买房，当时的我并没有把这件事放在心上，只是跟朋友聊天时顺带提了一下，结果朋友兴致勃勃，当下两人便约定到芭提雅过生日（我和朋友的生日只相隔数日），顺便买房。

买房的过程就不多说了，只是买下后没多久，朋友便后悔了，白白把定金送给开发商。我倒是没后悔过，相反的，我很庆幸自己当时买了房，以致疫情期间有了归宿，而且后来申请养老签证时，房产证也发挥了它的作用，所以对我而言，这是一项值得的投资。

时间回到当年收房时，除了钥匙之外，我还拿到门禁卡，据说这是用来刷开楼下大门以及后门。

"后门？这栋楼有后门？"我惊讶问道。

"当然有，"物业人员答，"否则住户得绕很长的路才能走到四巷。"

（注：四巷比我住的三巷热闹，不仅有多家餐厅、便利店、药店和酒店，巷底还能通往海边。）

事后，我跟老公说自己真走运，当初买房时根本没留意到三巷和二巷成U字型（这两条巷子简直就是难兄难弟），如果想到四巷或一巷，只能回到大马路再重新进入，而这段路是上坡，全程长达五百米，除非想运动，否则心情绝对美丽不起来。

想当然尔，有了开启后门的神奇门卡后，我们这栋楼的住户个个眉开眼笑，同样开心的还包括邻近人家，他们大摇大摆地潜入我们这栋楼，再从后门进入四巷。可想而知，后门整天开开合合，从未消停过，这激怒了后门外的别墅住户，因为我们走的正是他们的公用车道。

话说泰国人普遍都是慢郎中，放在这件事情上也一样，然而慢虽慢，经多年的不断投诉，别墅住户最终还是破茧成蝶，成为胜利的一方，而我们只能眼睁睁地看着这道方便之门被钉上数个木制封条，结束它曾有的辉煌。

自从后门被封后，双无(无摩托车、无汽车)人员的日子更加难过，以前好歹还有捷径可走，如今捷径被封，等于雪上加霜，因为双条车（泰国的公共交通工具之一）不上山，想出远门要嘛从一巷下山去搭，要嘛到更遥远的六巷等车。

面对如此"巨变"，我的反应是游说自己去接受，同时试着往好处想，譬如正因交通不便，游客才不愿上山；游客不愿上山，这里的住户才能享受宁静祥和的生活……

然而我的阿Q精神并没有感染到俄罗斯邻居，他们集体另寻出路，并且硬生生走出一条路来。

说起这条通往四巷的"路"，一开始我并没有发现，而是Go Go Girl家的腊肠狗冲进草丛里拉屎，拉完后，头也不回地往深处走去，而它的主人（Go Go Girl）也没阻止，一人一狗很快淹没在拥有半人高杂草的树林之中……

"汪！汪汪！汪汪汪！"我家泰迪试着唤回它的"朋友"，结果以失败告终。

为了不让狗子失望，我试着找出"成行"的可能性，可惜眼前的"路"太过狭窄，目测大概只有瘦骨嶙峋的人才能"片草不沾身"，但凡身上有点儿肉都免不了洗一场"百草浴"。

老实说，我是个缺乏冒险精神的人，不谈草丛里可能有蛇，我还害怕里面躲着披上人皮的恶魔，所以不由分说便拉着家犬往每日的"安全"路线走去。

后来的日子里，我时不时总能见到俄罗斯人走进树林里，或者以某种猝不及防的方式现身。毫无疑问，一条本不该有的路真的被他们给走出来了。

这一天，一对俄罗斯母女像变魔术一样忽然出现在路旁，貌似刚游泳回来，孩子的手上还拎着游泳圈。

"@%¥#……"一脸怒气的母亲对着刚走过的树林咆哮，而且越骂越带劲。

我心想树林里肯定有人，而且此人即将被唾沫星子给淹死，没想到首当其冲的竟然是孩子——她拉了拉母亲的衣角，让正在气头上的母亲找到发泄口，一把抢过游泳圈扔地上，然后命令她坐在上面（这是我猜的，因为女孩后来真的乖乖坐在游泳圈上）。

这画面看得我目瞪口呆，因为游泳圈好巧不巧地被扔在一堆尚湿润的狗粪上（我怀疑这成品若不是小黄制造的，那肯定是小黑或小灰，因为小花只是偶尔光顾三巷）。

当我还在思忖游泳圈和小女孩的屁股该如何清洗时，树林里的男主角现身了，并且毫无惧色地与女人展开骂战。

这是我第一次亲眼目睹俄罗斯人吵架，所以很是好奇，可惜期待中的大战并没有发生，那男人见好就收，抱起坐在游泳圈上的女儿，头也不回地回家去（我隐约看到男人的右手臂上有粪便的痕迹）。女人没了狮吼的对象，也只能怏怏离开，临走前没忘记捡起地上那个屎迹斑斑的游泳圈……

"真奇怪！俄罗斯人好像不怕脏。"我有感而发地对老公说。

"妳认为他们奇怪，他们可能也觉得妳奇怪，怎么连狗进草丛都不让？"

这是真的，我很害怕家里的狗带着跳蚤和一些不知名的虫子一同回家。

"你这么说也对，所以下辈子我不当俄罗斯人。"我立马宣布。

老公一脸惊讶地问："就因为他们不怕脏，所以妳下辈子不想当俄罗斯人？"

其实这只是部分原因啦！主因是俄罗斯男人好像没一个帅的，而且那个国家的蔬菜少，我又不爱吃肉……

"其实……"

我话还没答完,老公要我不用解释了,因为他下辈子也不想当俄罗斯人,至于原因嘛,这里省略一万字,看倌们请自行脑补!

4、怕风的泰国人

泰国的天气分为三种——很热、非常热、热得不得了。现在是三月底，理应属于"很热"，但我却"热得不得了"，可想而知，当"热得不得了"真正来临时，我恐怕会热到原地爆炸。

这一天，当我外出进行每日的遛狗仪式时，一位慈眉善目的洋人奶奶从别栋楼里走出来，看到我，微微一笑。我也礼尚往来，奉上当天的第一个笑脸（没办法，刚起床就得遛狗，心情还不是很美丽）。紧接着，我俩便像两条直线，交集后各奔东西（她往西，我往东）。想不到的是当我家的狗钻到丰田车底下，被我用力往外拖时，老奶奶不期而至，同时以温柔的声音呼唤我家泰迪，可惜得到的是冷漠以对。

"这是只老狗吗？"老奶奶问我。

"是的，它有点儿耳背。"我解释。

"跟我想的一样。"她停顿了几秒钟，"我的狗去年死了，16岁。"

每个谈到爱犬死亡的狗主人，多少都会愁云惨雾，眼前的这位也是，于是我安慰了她一下，然后转移话题问她是哪里人？

"我来自波兰。"她答。

当下我就联想起儿子的第一任女友，她也来自波兰（波兰裔英国人）。

"波兰现在很冷啊！"我说。

"是的，不像这里，每天都热得很。"她像想起了什么，"目前还不是最热的时候，等泼水节一过，热浪才真正来袭，所以我回波兰去，两边各住半年。"

话一答完，一只吉娃娃忽然冲过来与我家的狗打招呼。

"哇！吉娃娃，好可爱。"老奶奶对狗主人说。

我猜想那位俄罗斯长相的狗主人听不懂英语，所以才会一句不吭。

为了化解尴尬，我问老奶奶："妳家的狗是小型犬还是大型犬？"

这点醒了老奶奶，她赶忙掏出手机相片，我一看，这不是我家狗子最喜欢的雪纳瑞吗？

（注：狗也有看对眼的，譬如我家的狗跟雪纳瑞最合拍，一见面就热情如火，反观别的狗，可得不到这样的待遇。）

"Xuenarui。"我喊道。

老奶奶愣了一下才反应过来，接着同意这是条雪纳瑞（原谅我不知道雪纳瑞的英文该怎么发音，只好说中文）。

话说到这里，我家的狗已经不耐烦，硬拖着我往前走，本来我想把它给拽回来，怕老奶奶误会我虐狗，只好匆匆道别。

回家后，我把波兰老奶奶的忠告（四月以后会更热）转告给老公，他答："不管热到什么程度，骑摩托车的泰国人还是包得严严实实的。"

"才不会！"

"妳要不要打赌？"

自从老公说过这样的话，我开始留意起路上的摩托车骑士，发现外国人还是一身轻凉，有的甚至连头盔也没戴，但泰国人就不一样了（还真被老公说中），正常点儿的，穿上长袖薄衬衫；不正常的，穿上针织套衫，而最让人瞠目结舌的当属外卖员，他们不仅穿上夹克，有的还会戴上口罩和手套。

趁着一次取外卖的机会，我忍不住问那个会说英语的外卖小哥："你不热吗？"

"热啊！"他答。

"那你还穿这么多？"

"有风。"

我顿时懵了，有风不好吗？有风才凉快呢！

为了不耽误人家赚钱，我没再多问，但心中的疑云并没有散去，直至某天看完房走出小区，一位包裹得像颗粽子的泰国骑士呼啸而过，这唤起我的求知欲，赶紧不耻下问。

"泰国人认为吹风容易生病。"中介答。

"可是冷气房里的泰国人同样穿得很少啊！"我提出质疑。

"那是因为冷气房里的风不是自然风。"

这听起来很匪夷所思，所以我特地上网查了一下，这一查还真被我查出端倪，原来中国的老祖宗早有警示，譬如《黄帝内经》里说："虚邪贼风，避之有时。"和"圣人避风如避矢石。"；俗话也说："神仙也怕脑后风。"及"坐卧防风来脑后,脑后受风人不寿。"

这么看来,泰国人怕风不是全无道理,倘若吹自然风真的令他们生病,那么趋利避害又有何错?

5、可爱的警察叔叔

用来形容警察的词语很多,譬如雷厉风行、果敢坚忍、无所畏惧、正气凛然、光明磊落、大公无私、公事公办……等,但就是没人用"可爱"来形容,因为那显得不伦不类。然而当我写下这一篇时,发现雷厉风行、果敢坚忍、无所畏惧、正气凛然、光明磊落、大公无私、公事公办……等,都不足以形容泰国的警察,反而"可爱"更贴切些,于是将标题定为"可爱的警察叔叔",至于他们如何可爱,请容我娓娓道来……

疫情初期,我和老公有幸待在泰国,一开始真的是美滋滋的,到处游山玩水,发在朋友圈里的照片让待在国内的朋友都羡慕不已,甚至发出灵魂拷问:"你们怎么连口罩也不戴?"

"这里的人都不戴呀！"我回复。

然而随着疫情的越发严重，一向慢半拍的泰国政府也严肃起来了，一条条的规定陆续出笼，让群众看得眼花缭乱，这也造成了一个问题，那就是信息滞后。不懂？好，让我举个例子，某天，当我和老公在海滩上散步，并且纳闷其他人都跑哪里去时，一名警察站在人行步道上向我们挥手。

"他为什么向我们挥手？"我问老公。

"大概say hello 吧！"

既然警察都打招呼了，我等平民百姓怎可无动于衷？于是我也挥手致意，结果得到的反馈却相当奇怪。

"他好像不是对我们say hello。"我对老公说。

老公也承认的确不像，而随着警察的脚步越来越近，情况已经从"美丽的误会"变成了"不容乐观"。

"疫情期间，海滩禁止进入。"警察一靠近我们便说。

"对不起，我们马上离开。"

老公答完，拉着我正要走开，结果被喊住，因为还没缴罚款。

"什么？"我睁大眼睛，"还得缴罚款？这是什么时候的事？"

"已经实施一天了，你们不看新闻吗？"警察反问。

这个回答让我找到突破口，央求他网开一面，理由有二：首先，我们是外国人，一时没留意新闻，情有可原；其次，才实施一天，可见是条新规定，口头警告一下得了，没必要上升到罚款的程度。

然而方才还是小熊维尼的警察，瞬间就变成犟脾气的驴，说什么也不让，很快便递过来一张罚单。

"现在付？"我问。

"你们也可以上警察局付。"他答。

想到我们连警察局在哪里都不知道，还是当场付省事，于是掏钱消灾。

警察收下钱后，给了我们一张收据，说："今天之内倘若再有其他警察想罚款，你们就给他看这张收据。"

"你的意思是我们可以继续在海滩上散步？"我难以置信地问。

"你们不是已经缴了罚款？"

这个反问代替了回答，同时震碎了我的三观。

趁我还没从暴击中清醒过来，老公赶紧拉我离开，害怕下一秒钟我们就走不了了。

因为心疼钱，被罚款了之后，我和老公开始留意新政策。某天，新闻上说夜里X点后不允许买酒，这条规定对我们来说根本是多余的，因为我不喝酒，老公也只是偶尔才喝，大多数情况下是不喝的，所以当某个夜里，我们夫妻俩从超市购物回家，一位警察骑着摩托车将我们拦下时，我压根儿就没往那个方向想。

"＠￥~％#……"警察指着我们的购物袋用泰语说，那姿态颇有居高临下的气势。

"What？"老公问。

于是警察转头看我，同时发出求助的信号（显然把我当成同胞），而我则用"别求我，我也听不懂你在说什么"的眼神反击回去。

由于没能在我这里得到帮助，警察只得自救，最后蹦出一句"Alcohol"，还怕我们听不懂，又表演醉酒的样子（老实说，他的表演很具喜感，颇有卓别林的味道）。

"No."老公答，同时将购物袋放在地上，等待检查。

结果那位警察只是探头瞄了一眼,连尊贵的手指都没动一下就放行了。

回家后,我问老公:"既然不搜购物袋,拦我们做什么?"

"大概是想看我们的反应吧?!如果我们表现出惊慌失措的样子,他应该会搜。"老公答。

我心想搜出来又如何?大概缴了罚款就能把酒拎回家喝(这是依据海滩事件所做出的推测)。

后来我们回到国内(老公长期滞留在泰国也不是事儿,总得回公司打卡),再后来的后来,我和老公又回到泰国,并且展开梦寐以求的养老生活,而养老生活的第一步便是申请养老签证,于是我们上移民局排队去,可惜时间没算好,卡在了中午用餐时间。

"11点半到下午1点是吃饭时间,你们可以去吃饭,吃完再回来排队。"维持现场秩序的警察大声对排队的人群说。

话甫歇,无人离开,于是警察又重复了一遍,结果依旧,这让他产生自我怀疑,一转身,双手立刻作母鸡拍翅状兼吐舌头,完全就是"怎么办?他们怎么不走?是不是我的英语说得不对?"的惊慌状,惹来哄堂大笑。

其实他的英语没有问题，只是昨天移民局没开门，两天的人潮全挤在一天，大家想着已经排队那么久了，一离开，回来恐怕又是天长地久，所以索性继续排下去。

可爱的警察还包括交警，就在前几天，当我们准备到水果市场买点儿水果吃时，不巧被埋伏在十字路口的交通警察给拦截下来。老公有驾照，所以我们有恃无恐地等待检查（警察同时拦下数辆摩托车），这一等，让我萌生拍照的想法，结果一拍完，一位警察忽然从我背后现身，巴巴拉地用泰语指责我，我猜大意是："妳怎能拍警察执法呢？妳不知道这是禁止的吗？哎呀！妳也太缺心眼了……"

此时，手里拿着驾照的老公对我投来怨怼的眼神，我猜大意是："妳怎能拍警察执法呢？妳不知道这会牢底坐穿吗？哎呀！妳也太缺心眼了……"

不堪两面夹攻的我，决定做点儿什么，于是对那位刚长篇大论完的警察说："Ok，bye-bye."

您若问我为什么答得那么无厘头？老实说，我也不知道，只是下意识觉得人家说了一堆话，总得回点儿什么。

结果那人听完后愣了一下（大概没料到我会用英语回复，因为看着像是本国人），不过接下来的操作还真有点儿"歪打正着"的意味，因为那位警察竟也回复我："Ok, bye-bye."

既然警察都说bye-bye了，还不快走？于是我立马跨上摩托车后座。

"警察说可以走了吗？"老公满脸狐疑地问我。

"说了说了，"我点头如捣蒜，"他说bye-bye。"

然后我俩像做了什么亏心事，偷偷摸摸地"插队"逃离，而可爱的警察叔叔们（包括还在检查别人证件者）只是眼睁睁地看着我们走，一点儿也没挽留的意思。

6、椰子的故事

很久以前，我曾听过这样一个故事——东南亚的椰子树上常有猴子出没，当地人若想取得椰子，只需向猴子扔石头。猴子一被激怒，自然会摘取树上的椰子以牙还牙，如此一来，不费吹灰之力就能得到最新鲜的椰子。

这个故事听起来很神奇，以致在我的脑海里烙下深刻的印记，可是几年过后，这个说法遭到严重的考验，因为我读到一则报导，说的是美国动物保护组织指责泰国椰农训练猴子采摘椰子，而且超时工作，这是虐待动物的行为，呼吁群众抵制泰国出产的椰汁、椰浆和椰油……

我心想传说中的"人猴大战"怎么变成了"饲养和劳役"关系？还有，猴子在泰国并不是时时刻刻都能见到（至少人群聚集的地方几乎没有），那么市区的椰子又是如何采摘的？

这个疑问埋藏在我心中多年，一直没能得到解答，直到上周末，我才"好像"得到部分答案。

话说我和老公最近在看房，目标是两卧、带大阳台的明亮公寓。由于预算有限，我们把目光摆在芭提雅往南二十多公里处，该房源的网上照片很令人心动，譬如从窗口就能见到一望无际的大海，微波粼粼、水天一色……

"你跟中介约好时间了吗？"我问老公。

"说约好也约好；说没约好也没约好。"他答。

"什么意思？"

"对方是泰国人，我说什么，她都答OK，所以不清楚她到底听懂了没。"

基于那不确定的一丁点儿可能性，我们还是按照"约好的"时间前往，果然被放鸽子。

"你要不要再打个电话给她？"我问。

"不了，这公寓临马路，一看就不喜欢。"老公答。

原来网上照片还真不能全信，以为的"beach front"其实中间隔着一条马路，过了马路还有个看起来像违章建筑的海鲜餐厅，意思是如果从窗口望出去，除了大海，应该还能看到不太雅观的铁皮屋屋顶，显然，这不是我们想要的。

虽然看房失败，但这里的海滩挺美的，没有吵杂的游客和大型商店，自有股安逸与别样的风情，所以也不算白跑一趟。

接下来，我们沿着海滩，打算走到垂钓区，结果人算不如"天"算，才走了不到500米，全身便红得像是煮熟的虾子，不得不举白旗，转而找家餐厅吃饭兼休息。

被我们"看上"的餐厅三面通风，屋顶用茅草盖住，符合所谓的泰式情调。

坐下后，老公点的三明治和西瓜汁很快就上桌，可是我点的大虾粉丝和新鲜椰子却好半天不见踪影。

"厨子该不会钓虾去了吧？"我喃喃道。

话一说完，老公噗嗤一笑，我顺着他的目光望过去，一名年轻女孩正拎着一袋子的虾往后厨走去。

乖乖，还真被说中了，只是"钓虾"变成了"买虾"，可见平常的生意有多清淡，连存货都没准备。

好不容易等来我的大虾粉丝,老实说,味道挺好的,只是口渴的感觉越来越强烈,这才发现椰子还没上桌。

"他们该不会摘椰子去了吧?"我喃喃道。

话一说完,老公又噗嗤一笑。我转过头去,看到一个皮肤黝黑的精瘦男子很悠闲地向我们走来,左手提着两串椰子(约有六、七个),右手握着长柄弯刀。

乖乖,怎么又说中了?

那男子把椰子扔在离我们座位不远的草地上,接着用手掰下一个,果不其然,掰下的那一个是给我的。

这件事证明不止猴子会摘椰子,人也会,而依据客观事实(工作梯携带不易且需第二人扶着),我判断那人是徒手爬上去,再用弯刀砍下,至于为什么要耗费那么长的时间?我猜想要嘛附近的椰子全被采光了;要嘛树上的椰子还太小,他不得不到远一点儿的地方碰运气。

自从知道椰子"也许"是人为采摘之后,多少有些失望,因为我还是比较喜欢"人猴大战"的版本(这个有趣多了,不是吗?),结果昨天遛狗时又被我发现第四个版本,让我耳目一新。

老实说，当我看到那个泰国女人拿着一根长棍子出现时，第一个想到的是——这是一根晒衣杆。可是当她拿出小刀，并且将它绑在棍子的一端时，情况开始变得诡谲。

"她要割稻子吗？不对，这里没有稻子；她要割草吗？也不对，既然没有农作物，割草又有何用？"我心想。

等女人准备就绪后，她先走向离她最近的木瓜树，刀起刀落，不一会儿的工夫，一个青木瓜就着地了。接着，她走向更远的椰子树，同样的手法，一个椰子也落地了。此刻，她才捡起地上的椰子，回头再去捡青木瓜，然后若无其事地走开。

回家后，我马上"说嘴"，老公答："这下子她的晚餐解决了。"

"什么意思？"我问。

"吃青木瓜沙拉，喝椰子水呀！"

哈！还真是，难怪泰国人的幸福指数那么高，原来再怎么艰难也饿不死，有什么比这个更加幸福？

1、社恐的芬兰人

最近看到一则报导，芬兰又在2023年全球最幸福的国家排行榜中夺魁，之所以称"又"，乃因这个国家已经连续六年蝉联第一。与此同时，它的抑郁率也居高不下，连年排在世界前三，这实在是一件非常矛盾的事，有点儿"快乐又痛苦"那味儿。经我大量阅读相关资料后，把造成这个国家幸福且抑郁的原因分别罗列如下：

1、芬兰人的幸福感来自——贫富差距小、有安全感（水、空气质量、食品安全都得到保障、犯罪率低）、工作环境友好、穷人和弱者皆能得到社会关爱……等。

. . .

2、芬兰人的抑郁感来自——天气恶劣所造成的情绪低落、社交圈子小（容易自我封闭）、大量饮酒所带来的空虚寂寞……等。

如果您以为这篇是为了探讨幸福的真谛和支招如何避免抑郁，那就太高看我了（年过半百，我自己都还没活明白，何况教育他人？），我其实想谈的是我的芬兰邻居，一群"自扫门前雪又相当重视生活规范"的社恐人士。

想当年买下目前住的公寓，多少带着冲动，老公的频频催促是原因，中介的甜蜜轰炸也是原因（这个嘴甜的小姑娘买来大量街边美食投喂我，没办法，吃人的嘴软）。倒不是说我后来后悔买房了，而是买下后才知道一些从前不知道的事，譬如开发商老板是芬兰人，而这栋楼的底层将会有一个芬兰人的图书馆兼交谊厅。

老实说，开发商是谁跟我一点儿关系也没有，至于图书馆兼交谊厅，那也不归我管，爱咋咋地，但收房后我才发觉以上两点是有连带关系的，并且影响到我的日后生活，且听我道来……

首先，芬兰是个爱护动物的国家，冲着这一点，我住的小区成了泰国为数不多的宠物友好公寓；其次，由于本栋楼提供芬兰人的社交场所，以致多了许多芬兰买家，这给住户委员会提供了良好的基础——每当有重要事情需要表决时，投票结果很容易便倾向芬兰这一边（泰国法律虽然规定公寓必须保留51%的名额给泰国人，但泰国人很少参加会议；反之，芬兰业主却是积极参与，而楼里的大量俄罗斯人多是租客，无投票权）。举个例子，有一阵子我经常能见到墙上贴着告示，譬如不准抽烟、不准制造噪音、不准宠物在楼内大小便……等，大概害怕收效甚微，后面还备注了罚款金额。我和老公算是比较循规蹈矩，也不喜欢闻烟味、听吵死人的音乐和误踩狗屎……等，所以无条件支持。别看这好像是件小事，却死死掐住"视规定如粪土"者的软肋，因为夹着"投票通过"的底气，楼里时不时会有"较真的芬兰人"盯着，想钻空子？没门！

如果您因此认为芬兰人都是社交达人，那又错了，他们是我看过最没温度的一群，有的甚至极端社恐，好比楼里有两部电梯，如果芬兰人看到我在等电梯，他们会不嫌麻烦地走向另一部，为的就是避免近距离接触。

我理解社恐人士的"不愿被打扰"，自己也不想去打扰人家，但白人在我眼里长得都差不多（正如洋人无法分辨黄种人来自哪个国家），所以我只能依据"目光有没有落在我身上"来决定该不该打招呼，不过这个方法也有失灵的时候，譬如昨天有个洋女人与我"狭道相逢"，她的眼睛看着我，于是我跟她道声嗨，结果她一句不吭，我以为她没听见，又打了声招呼，她还是冷冷地看着我，搞得我像个傻子似的。

再说说楼底下的图书馆兼交谊厅，光顾的芬兰人不少，但声音不大，甚至说得上轻声细语，这放在其他国家都很罕见，换上X国人试试，不把屋顶掀了才怪！

这一天，我和老公下楼缴交水电费，想着这事老公一个人就能搞定，于是我提前走出办公室，结果看到一名洋女人抱着孩子远远站着，我以为她在等人，所以不以为意。等老公出来后，我们一同走向摩托车的停车区域，也不知哪根筋不对，我忽然转头，恰巧目睹那女人抱着孩子走进办公室的一幕。乖乖，敢情这位"芬兰人"（我猜的，应该八九不离十）已经社恐到这个程度，连与人共处一室（即使是公共区域）都不愿意。

针对时刻与人保持距离的芬兰人，老实说，我讨厌不起来，甚至说得上喜欢，因为在社恐人士面前，我感觉自己很社牛，这可比面对社牛时，自己成了不知所措的社恐要好太多了！

8、泰国治愈了我的形象焦虑

记得很小的时候，母亲总让我穿上一件暗红色的上衣，上面有一圈掉了毛的装饰，丑不拉几的，我很不喜欢，但母命难违，我也只能无奈穿上，然后接受同伴们的嘲笑。

不止这件丑衣，回想我的整个成长过程，上大学前几乎没有选择衣物的权利，因为总得捡姐姐的旧衣旧鞋穿，这让我感到无比的自卑。后来遇到我的真命天子（老公），口袋里有钱了，为了消弭内心长久以来因贫穷所产生的自卑，我不断地买买买，试图用外在的光鲜来证明自己过得好，结果目标没达成，反而某些时候更加自卑，因为一山还有一山高，我永远也无法追上真正的白富美。

后来老公没赚那么多钱了（金融高管就是这么如履薄冰），我也被打回原形，重新过起节俭生活，但日常还是会化化妆，留意一下外在形象，毕竟这个社会还是看人下菜碟，不修边幅很容易遭人白眼。

来到泰国之后，我发现我骨子里因穷酸外表所带来的自卑被真正治愈了，因为这个国家四季如夏，普遍的穿着就是T恤加短裤，是不是名牌傍身，根本无人在意。有一次，我甚至看到一个女人穿着泳装就上街（下身套上一条极短的牛仔短裤），怪就怪在那画面一点儿也不突兀，反而带点儿酷。想当然尔，在此氛围下的我和老公也入乡随俗，趿着凉鞋进商场是常有的事，连昂贵的餐厅也照闯不误，从来没被鄙视过（这点很重要，如果会被鄙视，代表我的形象包袱依然存在，焦虑就不可能被治愈）。

相信大家都看过有关泰国王室的报导，照片中的王室成员无不穿上美丽的泰服或烫得笔挺的军装，不知有没有人像我一样替这些贵族叫苦？因为即使开足冷气，那也只是减轻"穿正装做桑拿"所带来的痛苦，更不用说在烈日下行使公务了，笑得出来的都是人才（有钱有权的人也难免遭罪，这让我等平民百姓终于得到些许平衡)。

说起贫富差距，泰国肯定是有的，但从外表实在很难判断，因为大家都是怎么清凉怎么穿。举个例子，有一次我和老公进入一家网红餐厅，隔壁长桌坐了一大家子，有大人也有小孩，我对老公说："这是个有钱家庭。"，老公立马表示同意，而且与我的判断标准惊人的一致——不是依据外在形象，因为他们的穿着与一般人无异，而是小孩子都操一口流利的英语（您想哈！普通的泰国家庭会有这份财力把孩子全送出国或全送进国际学校吗?）。

话说一个国家有贫富差距实属正常，但能做到不以贫穷为耻就不简单，而泰国做到了（有钱的会惦记着做功德，没钱的接受救济也大大方方的），我认为是宗教的力量让他们不去歧视比自己困难的人。

网上对泰国的评价很多，好的方面有：风景优美、小吃多、房价相对便宜……等，但我认为都不如"不用打肿脸充胖子"来得直指核心，这才是这个国家的最可贵之处！

9、差不多先生的孪生兄弟

胡适先生曾创作一篇传记体杂文《差不多先生传》，用来讽刺当时中国社会里处事不认真的人。时光荏苒，岁月如梭，这么多年过去了，我认为中国人骨子里的"差不多"精神依然存在，举个例子，中国食谱里常见的糖少许、盐适量、姜半块……等，绝不会在西方食谱里找到，因为西方人搞不懂少许是少多少？适量的量又是如何界定？还有，半块到底是多大块？毕竟他们的食谱在数量上会精准到以克或粒为单位，时间上也会标上几分几秒，甚至还会告诉您油温达到几度时才下锅。可想而知，当东方的差不多小姐（我）遇上西方的精准先生（我老公）时，会碰撞出怎样绚烂的火花……

"这春卷要炸多久？"老公问我。

"炸到金黄。"

"那是几分几秒？"

"你别管几分几秒，看颜色，颜色变成金黄色就可以捞了。"

"那么金黄色是亮的金黄色还是暗的金黄色？"

"呃……随便啦！可以吃就行。"

"问题是我不知道怎样才算可以吃。"

煮东西如此，打扫卫生也一样，我是看得见的地方才保持干净整齐，而干净整齐的标准也是以"差不多"为最高原则；老公就不同了，虽然他很少做家务，但偶尔也会良心发现，所以当他挽起衣袖做家务时，不仅"凡走过不留痕迹"，连没走过的也不留痕迹。

看倌们大概也瞧出我是那种努力发扬国粹（差不多精神）的人，如果您以为此精神只有我大中华有，那就错了，我发现咱们的好兄弟（泰国）也挺助力的，有时甚至比差不多还差不多，最后成了"差很多"。

讲到这个就不得不提我从清迈飞往曼谷那件事，由于当时的机票是分开来买，上海飞清迈我买的是A航的票，所以当我从清迈飞曼谷时，脑袋自动跳出A航（其实是B航），怪就怪在我还能正常值机，并且拿到登机牌，如果不是进关的队伍排得有点儿长，我不会去瞄手中的登机牌，而我不去瞄那张登机牌，就不会发现上面的姓和名竟然全没对上（姓倒是中国姓）。

兹事体大，我赶紧跑回原来的值机柜台问个明白，结果小姐姐笑了笑（亏她还笑得出来？），答："怎么中国姓长得好像？"

顷刻间，我的脑海里飞过一群乌鸦，好个中国姓长得好像，就算同名同姓好了，护照号码能一样吗？

后来，我总算拿到正确的登机牌，也顺利登机了。

事后回想，这件事其实不能全怪小姐姐，毕竟我"差不多"在先，才导致她"差很多"在后。

再提另外一件事，这个我至今也没搞明白该归为"差不多"还是"差很多"？如果单纯从"明知故犯"的角度看，无疑属于"差很多"，且听我细说从头……

前阵子，我家的花洒管子漏水，通过物业请人来修（上门费250泰铢），结果修完后才发现花洒架子的内径与管子对不上，工人是硬卡进去的,我们取下后便再也搁不回去了。

"现在怎么办?"我问。

"只能买条新的。"老公答。

后来我们上五金行买来新管子和工具,老公自己动手给修好了。哪晓得两天后收到账单,那条错误的管子要了我们480泰铢,我们当然不服,结果得到的答复是:"你们用力一点儿就能卡进去了。"

呃!这听起来有点儿像把一只烤全鸡硬塞进嘴巴里,还说用力一点儿就能全挤进去了……

让我更无语的是工人明知很快会露馅儿,还是这么干,同时脸不红气不喘地寄来账单,这心理素质可真不是普通的强。

其他诸如商场做促销,买一个50泰铢,买两个105泰铢(这是哪门子的促销?),或者邮箱内偶尔会收到"寄给邻居"的信件等,其实只要二度确认或者留心点儿,这种小错误都能避免掉。话说回来,如果有一天泰国真的成了"精准先生",我恐怕也喜欢不起来,因为会要求自己精准的,同样也会要求别人精准,对于习惯"差不多"的我来说,压力巨大……

（顺带一提，我的那位"精准先生"经我三十年来的调教，已经习惯"被差不多"，而且丝毫没有怨言，因为抱怨也没用，徒增伤感而已）。

10、宝藏女孩

有一天，我问老公："你是不是觉得把我扔进沙漠里，我也能存活下来？"

他嘿嘿嘿地笑，让人很想扇他一巴掌，与此同时，我还有"恨铁不成钢"的挫败感，怎么早没发现自己是那万中无一的宝藏女孩（现在应该叫宝藏老女人了）？

话说在我家，老公向来是发号施令的那一个，而我则负责实施。天知道，实施可比动嘴皮子要困难很多，偏偏老公自我感觉良好，丝毫不觉得有任何不妥，反而为"分工明确"而沾沾自喜。如果我能早点儿觉醒（自己没那么无能，而老公也没那么至高无上），一切都会不一样，但时光无法倒转，我也只能从过去的错误之中提取教训，并且应用在未来的日子里。

记得在澳大利亚时，某天老公打电话给我，说他肚疼进医院了，给了医院名称后便挂断。我打回去，他硬是没接，我只好先察看一下纸质地图（当时还没有谷歌地图），然后开车过去，发现急诊室没他的名字后，我转向普通病房，最后兜兜转转找到他的房间。

"妳怎么知道我在这里？"他问。

"问一问就知道了。"我答。

此时的我仍没意识到自己有多独立，以致后来的几年里依旧以老公的想法马首是瞻。

决定来泰国养老之后，繁杂的事情一样样浮出水面，居首位的便是变卖中国的两处房产（这关乎我们能不能在泰国"舒服"地躺平）。卖过房的都知道，那过程相当烦人，得斗智兼斗勇，而我家老爷子除了坐下来签字外，一概不管，等到了把钱汇出去的最后环节，也是由我去面对各种关卡，他只是到场露个脸罢了（钱从我的账户汇出去，身为配偶的他必须到场），啥事也没有。

"我怎么觉得房子从头到尾都是我在卖，你则负责坐享其成？"我对老公说。

"我要上班啊！"他答。

"打个赌,就算你不上班,房子也是我在卖。"

"我不会讲中文,字也看不懂,妳让我怎么卖?"

其实若真的把房子交给他卖,我还不放心呢!因为有前车之鉴(澳洲和新西兰的房子皆被他"很好说话"地卖掉,打从那时候起,我就不相信"语言"会是道坎,就算我的英语再破,起码也卖得比他好)。

来泰之后,一切堪称顺利,这还得感谢前几年"先知先觉"地先买了房,不致于一开始就得为"房事"奔波,因为银行开户要居住证明,申请签证要居住证明,连海运的家当(从中国寄过来)也得有个明确的去处。

也许太过顺利了,上帝决定来点儿变化,就在前几天,来泰一个多月的老公第一次患上急性肠胃炎,偏偏卡在取养老签证的时候,身为宝藏女孩的我再次披挂上阵,由于没有摩托车驾照,我只能自己想办法到目的地,其中最省钱的方式是走到六巷搭双条车,等抵达中天一路后再依据记忆走到移民局。计划上没问题,可是烈日当头,还没走到四巷我就有点儿撑不住(后来才知道当天的气温高达46度),于是拦下一辆摩的,说:"我要到移民局。"

我猜摩的司机听不懂"移民局"的英文，所以我又说了中文，结果他还是傻笑。

"中天。"我补上一句。

这次他显然听懂了，因为眼睛亮得像点燃了两把火炬，那样子仿佛说——哈！这次我终于听懂了。

我很开心他听懂了，进一步问多少钱？

"80 baht."他答。

我还价60，他不确定地伸出6个手指头，我也伸出6个手指头，生意成交！

上了摩托车之后，我的内心其实很忐忑，因为中天很大，司机又不知道我要去哪里，而更悲催的是连我自己也不清楚移民局的正确位置（之前老公曾载我去过两次，但记忆仍是模糊的）。

果然到了记忆中该转弯之处，司机并没有转弯，而是朝中天二路直直开过去，这是要载我去哪里？

我拼命在脑海中寻找记忆碎片，并且试着将它们拼凑起来，还好移民局的蓝色大招牌适时落入眼底，我立马要司机调头，神奇之处在于虽然对方仍听不懂我说的，但能意会，我终于有惊无险地抵达目的地。

付完60泰铢，我无视排队的人群，拿着收据直接杀入，本以为这次万无一失，结果还是出了差错。

"妳老公的签证没问题，但妳的签证我犯了错误，给的是多次出入境，而非单次。"签证官说。

"那更好呀！不是吗？"我开玩笑地答。

"妳得给我3000泰铢。"

我心中咒骂——什么？！妳出错，凭什么让我买单？

"我不需要多次的，一次足够了。"我心平气和地说，虽然五脏六腑皆被火点燃。

"可是我已经替妳付了3000泰铢。"她答。

这是个什么鬼？她会替我付钱？

"不，我不需要多次出入境。"我再次声明。

她仍不死心，告诉我多次出入境的好处——想进就进，想出就出，只要3000泰铢而已。

我仍死咬住不需要，她的态度遂从"和蔼可亲"变成"面目可憎"，最后以粗巴巴的声音要我跟她走。

来到大厅的一个窗口后，她撇下我进去跟办事人员咬耳朵，等了数分钟我才拿到手写更正并签名的章。

"Thanks." 我说。

她面无表情地走了，一句话也无。

其实3000泰铢对我来说不是事，但这是原则问题，此例若一开，后面会没完没了（只要申请养老签，我就有可能再度遇到这位签证官，所以绝对不能被贴上冤大头的标签）。

离开移民局后，我徒步去买老公想吃的牛肉派，接着坐双条车回到六巷，当走到五巷和四巷之间时，我没忘了上药局替老公买药，到了三巷口，我又上7-11采买日用品，包括那重死人的饮用水和大包卫生纸，等回到家，我已经累到虚脱（想想外面46度的高温呀！但此刻不买，代表待会儿还得买，老公正病着，指望不上，而我完全不想再出门了），这才有文章一开头，我问老公是不是觉得把我扔进沙漠里，我也能存活下来？

有句话"女子本弱，为母则刚"，其实不论有没有为人母亲，女人都比男人有韧性，只是很多时候女人并不清楚自己的价值，低估自己成为宝藏女孩的可能性，希望看到此文的妳能够及早醒悟过来，可别像我一样年过半百才知道自己有多么难能可贵。

11、泰国的小费文化

我曾看过一名泰国网红对着镜头说："来泰国不需要给小费，我从来没给过，我认识的人也没给过。"

结果评论区被一大群人的唾沫星子给淹没，全是吐槽在泰国没给小费的下场，现在我也来谈谈这个"小费文化"吧！

话说小费文化不是只有泰国有，它最早出现在封建时代的欧洲（大约公元800～1400年）。在此时期，上流社会与下层社会泾渭分明，小费应运而生，成了显示个人优越感的一种方式。到了19世纪中期，小费模式传到美国（美国人向来有模仿尊贵欧洲人的倾向），由于带有歧视性，以致后来有了"反小费运动"，但此运动并没有杜绝这种风气，反而最终成为美国的一种"文化"（最初的

"正当"理由是农村居民涌入城市工作,这些人需要快速且便宜的饭菜,餐厅老板为了压低成本,遂把理应付钱给服务员的负担转嫁到顾客身上,也就是说,服务员惟有提供好的服务才有钱赚,而最低工资法的通过则进一步让"小费文化"得到正名,因为服务员拿的是最低工资,顾客若不给小费,他们的生活会很艰难)。

如今,给服务人员(不限餐厅服务员)小费已成了美国和一些西方国家的一种习惯,虽然没硬性规定一定得给,但若不给,很可能会被鄙视。

回到泰国,我认识这个国家的小费文化最初源于海关,当时我走的是落地签,队伍排得老长,好不容易轮到我,海关人员问我是否携带足够多的泰铢(时间久远,已经忘了确切数字,不过的确有此规定,大概害怕旅客没钱又滞留在泰国,成了烫手山芋)?我早有准备,乖乖奉上,结果那位大爷当着我的面数了起来,数完一遍还不够,又数了第二遍,接着开始抚摸那沓钱,摸完上层,摸下层,就这么来来回回地重复动作。我不笨,当然知道他的用意,但就是装傻,想着我乃一介良民,又身处公共场所,你能把我怎么着?后来海关人员还是将我放行了,让我有小胜一场的快感,然而没多久就被酒店收拾房间的服务员给摆了一道(由于没留下小费，房间内的椅子无故消失，经我投诉后也没送回来。到了第三天，连洗漱用品也跟着没了）。此时的我也杠上了，心想就不给，你能怎样？

以后我往返泰国多次，大多数的情况下仍不给小费，理由很简单，这些人已经领了工资，薪水配得上工作内容（不像美国赚的是最低工资），凭什么我还得给小费？所以当所住小区的物业客服以极不耐烦的口气跟我说话时，我毫不客气地怼回去："妳的薪水是我付的，所以请礼貌待我。"

"对不起，夫人，我道歉。"对方答，用的是粗鲁的语气，您说气不气人？

从此跟物业客服接触成了我的梦魇（不明白她为什么会有那么大的怨气），直到换了个人，才终于有了答案。

"嗨！B杜，今天好吗？"这位叫梅的客服微笑着问候我。

"很好，谢谢！"

"有什么能帮到您？"

我说了自己的问题，她不仅细心帮我，还给了我负责人的邮箱，表示如果事情没得到解决，可以发邮件询问。

梅的出现改变了我对物业公司的不良印象，心中对她赞誉有加，然而不过几个礼拜的光景，此人的狐狸尾巴便露了出来。

这一天，我到办公室缴水电费，刚要取走找回来的零钱，梅笑着指向小费箱，我一时抹不下脸来，把手里的零钱全奉献了。到了第二次缴费，她故伎重施，我不高兴了，直言给小费是自愿性质，她这么开口要，让我很有压力。

"是吗？"她沉下脸来，"那么下次我不这么做了，妳走吧！"

"妳走吧！"这句话让我怒火中烧，我是小区业主，还轮不到她赶人，于是我问她什么意思？以前的热情是不是装的？

梅大概也意识到我准备大干一场，于是连说三声对不起，同时将目光垂了下来。面对此情此景，我怎好打已经弃械投降的人？只能收起干架气势，怏怏走开。

泰国人很不喜欢吵架，一看来真的，马上主动熄火，但这不代表认错，而是避开可能会有的争执。回到上面的例子，如果说我"吵赢了"梅，一点儿也不属实，她只是让我以为自己赢了而已，反击还在后头呢！因为她从此冷眼相待，跟之前的客服一个样。

光阴似箭，日月如梭，随着年纪渐长，我明白了"因小失大"的道理，慢慢也接受"该给的钱还是得给"的真谛，所以这次来泰国养老，我开启了洒钱模式，不过没多久又回到"见山又是山"的境地，因为我感觉给钱给了个寂寞，拿餐厅为例，接待你的是A，送菜的是B，给账单的却是C，结果小费全进到C的口袋，这公平吗？尤其最近发生的一件事，算是让我彻底改掉给小费的坏毛病，且听我道来……

那天，我和老公到一家网红餐厅用餐，接待员很客气，帮我们开了电风扇，全程还笑眯眯的，我心想待会儿肯定给小费，哪晓得到了买单环节，那人却不见踪影。由于赶时间，我们喊正在收拾桌子的小哥给账单，这位小哥从头到尾未曾服务过我们，结果给了找回来的钱后就站在旁边等。我心里不太痛快（这不是摆明了要小费？），但还是把找零的铜板全给了他，等我们走到出口处，恰巧又与这位小哥碰上了，想不到他竟然把我俩当空气，连个再见也没说。

我心想就算钱再少也是钱，何况他花在我们身上的时间少之又少，还想期待什么？既然给了钱还得到这种待遇，我索性就不给了呗！

话说不给，有些情况我还是会给的，譬如有一次我到宠物用品店买东西，顺便询问哪里有宠物寄养服务？收银员虽不清楚，但主动帮我查找，我便给了小费，毕竟这不在她的工作范围内，她是额外服务我的。

经过那么多件事后，我学到如果心里没有说谢谢的冲动，那就别给小费了，因为会因小费待您好的，最终也会因"不再有小费"而对您恶，除非就想当土豪，否则能省则省吧！

12、吃不胖的泰国人

最近,我关注了一位美食博主,她的人设是"怎么吃都吃不胖,而且食量巨大"。看了几集,的确痛快,譬如大碗面能一口气炫七碗,包子一次吃50个、烤串儿能面不改色地吞下一百来根……等。评论区有人质疑她摆拍(只是咀嚼,并没有真的吞下去)或者事后催吐。针对此点,我不予置评,但我的确见证过一位像她这么瘦且食量超大的人,毫不夸张地说,我的这位"前同事"在清醒的状态下,嘴巴就从来没闲过,即使非常时期(好比开会或给学生上课),她也会嘴里含颗糖,真要比喻,大概就像炼铁高炉不能停,得持续投入燃料才行。

我很羡慕怎么吃都吃不胖的人,所以来泰国之后,当看到满大街的纤细女孩时,不禁心生疑问——她们都是受上帝眷顾的人（像上述的美食博主或我的前同事）吗？还是有什么不为人知的减肥良方？

其实不止泰国女人瘦，泰国男人也瘦，只是看起来不如女人讨喜，因为缺乏"雄壮威武"的气概，反倒有些女相。

既然有疑问，好奇如我怎可不追根究底？经我多方面的观察后，得出以下结论：

1、骨架小

有句话"瘦死的骆驼比马大"，为什么？因为骆驼天生骨架大（与马相比），所以不管如何瘦，框架摆在那里，怎么都显大；反之，骨架小就容易显瘦，将之放在泰国人身上，"优点"立现。

2、饮食习惯

去过泰国的都知道，他们的食物偏重口味，饭后甜点也没有"轻甜"一说，现调的饮料就更别提了，如果不事先叮嘱，包管甜到怀疑人生。依据这种饮食喜好进食，很难不发福，但实际情况却恰恰相反，我认为是"少量多餐"之故，吃得少，胃自然不会被撑大，也就容易饱腹。

之所以有以上感悟，还是因为我无意间在朋友圈发的一张照片，朋友看过后问我："妳只吃这个能饱吗？"

话说中国人的外食习惯大概会点一个饭加三样菜（食量小或正在减肥的女生也许是一个饭加两样菜），但在泰国，盖饭很常见，也就是一个饭加一样菜，而且量都不大，好比发照片的那天，我点了个炒鱿鱼盖饭，结果端上来一看，顿时傻眼了，饭是小半碗，鱿鱼块（很小）五、六个，跟着一起炒的蔬菜也是一丢丢。

也许有人会说，既然量不大，多点几道就是，但问题是大部分的泰国人就这么吃，没再多要（聚餐或特殊节日除外）。

再说甜食，众所周知，吃甜的容易有饱足感，喝甜的也一样(在此插一句，泰国的现调饮料会加很多冰块，所以您以为的满满一大杯，其实喝几口就没了，剩下的全是冰块)。也就是说，一份"小"盖饭再加上甜食或甜饮，很容易忽悠自己已经吃饱了。举个例子，假设某个泰国人早餐吃烤肉串和甜豆浆，中午点了盖饭加饮料，到了下午三、四点左右吃块蛋糕或巧克力，晚上再叫碗船面(量小，两口就没了)外加饭后水果。从表面上看，这个泰国人一整天都在吃，而且还不忌口，但其实食物的总热量并没有那么高。

3、桑拿浴

这里指的不是进桑拿房,而是泰国的天气酷热难当,站在大太阳底下,即便什么事都不做,不一会儿的工夫便大汗淋漓,跟洗桑拿浴没两样。根据医学常识,排汗会促进新陈代谢和血液循环,有什么比这个更容易减肥?

综合以上三项,我认为"大概、或者、也许"是泰国人保持苗条身材的原因。当然,凡事都有例外,泰国本地人中也不乏胖子的存在,而我来泰国这么许久,好像也没减重多少,不过这丝毫不影响我的美丽心情,因为减肥不是我这个年纪该烦恼的事,我该关心的是如何快乐且充实地度过人生的下半场,那么胖点儿又有何妨?

13、租妻这件小事

前几天，我和老公到我最喜欢的Fuji餐厅吃日料，点的是我最喜欢的豪华便当套餐，不仅有我最喜欢的刺身，还有我心心念念的牛肉卷，可是美食当前，我却忍不住频频往右手边望去……

如果您看过《天才枪手》这部泰国电影，应该对剧中女二Grace的扮演者依莎亚不陌生，当她替女主角整理仪容，再对镜头灿烂一笑时，就算冷血杀手也会化为柔情铁汉，而坐在离我三步之遥的女孩恰好也是个甜姐儿，虽然容貌略逊依莎亚，但任谁都会说这是个漂亮女孩，若要打分数，没有95分，起码也有90分（满分100）。

"我的右手边有个超级美女，快看！"我压低声音对老公说。

老公匆匆一瞥，答："的确漂亮，可惜了。"

一句"可惜"撕开了遮羞布，这么年轻又貌美的女孩却被一位洋老翁给租了去，怎不令人叹息？

话说泰国的租妻行业已经非常成熟，路上常见年纪大的白人挽着皮肤黝黑的泰妹，挑选的标准颇为一致，大多以"实用性"为主，譬如会说英语、年纪相仿、忠诚度高……等。白天，这些租来的女人成了导游兼翻译，到了夜晚就执行妻子的义务，等"租约到期"后再回归家庭（没错，这些"假日妻子"不乏已婚者，据说她们的合法丈夫不但不会生气，反而感激老婆为家庭做出贡献）。

回到"爷孙恋"，这是我第一次目睹那么不协调的画面，不仅双方的年龄差达到半个世纪，颜质也堪比"美女与野兽"，这岂不是在野兽头上种草，很快就会绿油油一片？

也许有人会说不过吃顿饭而已，怎能认定两人是租赁关系？

好吧！让我们假设这是一对不谈钱的忘年交，试问有哪对忘年交见面时不交谈（年轻的那个拼命刷手机，年老的那个则安静得像座雕像）？

这么一分析，我发现白人老爷爷还真有耐心，女孩刷了多久的手机，他就陪伴多久，全程没插嘴，也没有摆臭脸。

"Look this."很久不搭理人的甜姐儿忽然把手机伸过去，同时将头靠在老人的肩膀上，"Funny？"

老人看完手机内容后，微微一笑，还真有那么点儿"腻宠孙女"的味道，如果不是两人的肤色不同，我恐怕要以为这是一对亲爷孙。

也许有人又会说女的可能是男的继孙女，虽没血缘关系，却是法律认可的。

好吧！让我们假设这是一对被法律认可的继爷爷和继孙女，试问有哪个继爷爷会在结账后搂着继孙女的腰离去？

神奇的是一餐下来，我竟然从"可惜女孩"变成"可惜老头"，最后又乐观地以为也许这样的组合也不赖（他为她提供物质保障，她则满足他的虚荣心和实现"再年轻一回"的愿望）。

既然提到租妻，我就来谈谈那回老公"被租妻"一事。话说俺的老公是白人，而我又长得像泰妹，放在租妻成风的芭提雅，被误会不难理解，比较难理解的是竟然有人光天化日之下跟我"抢老公"，还是明抢，您说可气不可气？

不懂？好，让我从头说起……

那天，我陪老公去吃他叨念好久的烤肋排，女服务员表现得异常热情（只针对他）。

老公点完餐，那女的收起笑脸，转头问我："@%¥/€@……"

即便我告诉她——我听不懂泰语，她仍然又说了一遍泰语。

我猜想她无非问我想吃什么，于是在菜单上指来指去，然而正是这个动作，让她认定我就是个地地道道的泰国人，同时心生不满——明明是泰国人，为何假装不是？简直可恨至极……（好吧！我承认后面是我加的，但八九不离十，您接着看下去就知道）。

老公的烤肋排端上来没多久，我的炒饭也送到，只是大虾炒饭变成了猪肉炒饭。

"也许她把Prawn和Pork搞混了。"老公说。

虽然Prawn和Pork听起来有差别，但鉴于都是P开头，我估且信之，可是到了买单时，明明我已经拿出钱包，她还是把账单递给同桌的另一人，这触碰到我的敏感神经。

"875泰铢。"老公看完账单后对我说。

我把1000泰铢放在桌上等她拿，随后她果然把找回来的钱给了我老公，同时说："下个月我不在这里做了。"

"是吗？"老公答，"妳换工作了？"

"Yes……No……"她停顿了一下，"你有认识的朋友需要人帮忙做家务吗？我打扫得可干净了。"

老公看向我，眼神像是问："妳有认识的朋友需要人帮忙做家务吗？"

此时的我已经气得七窍生烟，根本不愿搭理。

老公从我这里得不到答案，遂自行回答："没有。"

"如果哪天你的朋友需要，记得告诉我，我做到这个月28号。"

"28？"

"是的。"

然后我们在女服务员的"含情脉脉"下离开餐厅（目送的对象当然只限我老公）。

事后我告诉那个尚"不知不觉"的人——这个女人想取代我成为他的"假日老婆"。

"哈哈哈……"老公笑不可支,"妳想多了,如果她真的想当假日老婆,为什么不直说?绕那么一大圈,万一有人误会她想应征女佣,该怎么办?"

"放心,全世界大概也只有你会误会,正常男人都不会误会。"我答。

然而此时正在写文的我忽然又不确定起来,因为不是每个男人的脑子都会转弯,否则就没有"一根肠子通到底"一说。话说回来,如果那个女的真的只是应征女佣,雇用她的男雇主大概能偷着乐,而男雇主的老婆就惨了,防火防盗外,还得防女佣。

14、海边的按摩女

据说我现在住的芭提雅有15公里的海岸线，拿它与我住过的澳洲黄金海岸比，两者的海水和沙滩品质不相上下，但我还是比较喜欢前者，因为氛围感更加慵懒随意。打个比方，在芭提雅几乎没有着装要求（寺庙和某些政府机关除外），想怎么穿就怎么穿，即便趿着拖鞋进餐厅也是可以的，但黄金海岸就不同了，纵使客人能做到无视他人所投过来的鄙夷眼光，有些餐厅和场所还是会将着装不达标的人拒之门外。换言之，如果想体验一把"正襟危坐"的高级感，大可选择高大上的旅游景点，对于只想放轻松的人们来说，"低配版"的芭提雅也许更加合适。

（注：这里的"低配版"没有贬义之意，而是指"走亲民路线"。）

既然芭提雅有那么长的海岸线，想当然尔，我和老公时不时就往海边跑，最经常的操作是临近中午找家沿海餐厅吃饭，吃完后跨过马路，然后在没有椰子的椰子树下或坐或卧（自从有人被从天而降的椰子砸死后，我们很留意选中的树有没有"怀胎"，"临产前"的尤其不能要），反正怎么舒服怎么来。

一开始，我们为这惬意的时刻准备了可睡双人的超大沙滩垫，后来发现"理想很丰满，现实却很骨感"，因为地面又硬又不平整，对腰椎不好的中老年人很不友好，连翻个身都费劲，何况爬起？后经多次的天人交战（买沙滩垫就是为了省租躺椅的钱，怎么到头来打了水漂？），我们还是向现实低头，转身花200泰铢租两把躺椅，总算活得像个人样，而我就是在这样的情况下见识了一位相当奇特的按摩女。

话说芭提雅的热门海岸线几乎都被海滩椅的租赁商家给霸占了，他们除了出租躺椅，还兼卖冷饮和小食，对于前来兜售商品和手艺的"个体户"，本着以和为贵的原则，商家们也多半睁一只眼闭一只眼。

"Massage？"一位泰国男子问我，双手还做出马杀鸡的动作。

我回绝,同时心生疑问——有哪个女生会让男生按摩?反正我心里的那一关是绝对过不了的。

后来又有几名泰国女人问我需不需要按摩?我依旧答不,因为感觉泰式按摩过于温柔,与其让人在身上"摸来摸去",我宁愿省钱买根冰棍吃。

这一天在海边,我刚睡完午觉,才从躺椅上坐起,一名按摩女出其不意地出现了。

" Massage?"她问。

" No."我答。

她接着问我是不是泰国人?我还是答No。

" Where?"她三问(问的应该是我打哪里来?)。

" Taiwan."

" Thailand?"

我重复"Taiwan",她还是答"Thailand?"。

" Taiwan.T-A-I-W-A-N."

" Thailand?"

此时的我很凌乱,虽然"台湾"和"泰国"的英语发音有点儿相似,但我已经拼给她听,为什么她依旧不明白?惟一的解释是她连26个英文字母都不认识，会说英语全凭"鹦鹉学舌"。

"China."我只好答。

"Oh！China. I know China. I love China."

我给了她不失礼貌的微笑，然后低头刷手机，期望她能"知难而退"，哪知她再次对我说："You like Thai."

这句话不符合英文文法，真要翻译，有多重意思，"妳喜欢泰国"是其一，可是我知道这不是她的原意，她想说的应该是"妳长得像泰国人"，于是我告诉她——很多人认为我是泰国人。

"Yes. Yes. You like Thai. Thai like you. Same. We are same. Do you massage？"

最后一句杀得我措手不及，完了，遇到高手了。

于是我告诉她我背疼，不能按摩，她果然提出解决办法——只按摩脚，保证舒服。

到了这个地步，我只能收起"模棱两可"的说法，严肃且明确地拒绝她，可是等她失望地离开后，我反倒有些戚戚然。

是这样的，海边有不少的按摩男和按摩女，通常只要说声No，他们就会知趣地走开，不像此女那般"死缠烂打"，可是她的积极揽客我又挺能理解的，因为从世俗的眼光看，她的长相奇丑无比，不仅眼突嘴歪，还有两颗大暴牙，如果不缠住客人，很可能一整天都没有进账，这也是我拒绝人又不好意思的原因。

几日过后，我和老公又来到海滩，同样的海风习习，同样的蝉鸣鸟叫，同样的睡意全开……等我醒来（尚半梦半醒间），耳中传来"似熟非熟"的声音。我定眼一看，原来是那个"不轻言放弃"的按摩女，她找到生意了，正在给一位微胖的金发女人做按摩，位子就在我的左前方不远处。

本来这个距离不可能听到谈话内容，偏偏按摩女的声音很高亢，想假装听不见都难，加上她的英语虽破，但表达方式挺有趣味的，我索性"认真"听下去。

"……"这是洋女人的声音，完全听不清楚。

" You are rich. You are beautiful. You are everything."这是按摩女的声音，听得一清二楚。

"……"

" He is bad. Don't go to he."

"……"

" No, out he. I beat he."

"……"

" Of course. You are a girl. I too. Same. We are same. I beat he."

……

听！是不是挺有趣的？根据对话内容完全可以勾勒出一个大概的轮廓：洋女遇到渣男，既迷茫又无助，按摩女送出彩虹屁，同时表示要给渣男来个痛击（能不能实现不重要，重要的是此时得讲义气）。

可想而知，当按摩结束后，除了讲好的费用外，按摩女还额外获得了小费（依据声音的兴奋度判断，小费应该不少）。

此时的我也不得不为按摩女喝彩，同时心生惋惜，如果不是先天条件不佳，她完全可以有更大的发展空间，而非局限在海边追逐蝇头小利，现在也只能说——可惜了！

15、发光的眼睛

说起我家狗子的最爱，第一：雪纳瑞；第二：金毛；第三：目前还没发现，所以当一只黑色斗牛犬（既不是雪纳瑞，也不是金毛）出现时，我家的狗硬是不理睬，依旧老神在在地如厕……

"￥#@&*……"狗主人用泰语对我说。

" Sorry, I can't speak Thai language."我答。

那个把自己晒成古铜色，并且拥有一身腱子肉的年轻女孩接着用英语问我是不是中国人？我承认，但随后加了句"台湾"。

" Oh！歹万. Yes，I know 歹万."她说。

我感觉泰国人的发音是将字音使劲往下压，接着很快上扬，譬如台湾会变成"歹万"，而英语里的Madam（夫人）就变成"玛丹吖"。

对于狗友来说，接下来的对话千篇一律，不外介绍各自的狗，包括年龄、性别、品种（如果一时分辨不出来的话）、出生地、名字……等。于是我知道眼前这条八个月大的母斗牛犬出生在澳大利亚，名字叫GiGi。

"澳大利亚？妳把狗从澳大利亚运送过来？"我问。

"是……不是，我不是狗主人，我的工作是遛狗，30分钟，500泰铢。"

我又确认了一遍，的确是30分钟500泰铢，折合人民币约100元，这也太好赚了吧？！

由于GiGi是条幼犬，正是活泼好动的时候，当我和健美女讲话时，它时不时便对同类投怀送抱，偏偏我家的狗正值"能躺着绝不坐着"的老年期，加上斗牛犬不是它的心头爱，没多久便被跳上跳下的GiGi给惹毛了，反口就是一嘴，还好被我及时拉开。

"拜拜，拜拜。"我说，对象直指GiGi和健美女。

正常的操作应该是两人各自牵狗往不同的方向去，哪知当我到达路口的7-11，再调头时，又遇上我家狗子的冤家，于是历史再度重演，我赶在我家狗子"下嘴"前拉开。

"拜拜，拜拜。"我说，对象还是指GiGi和健美女。

好了，到此应该再无交集——我牵狗回家，健美女牵狗往7-11的方向去。可是就是这么神奇，走没多远，GiGi又屁颠屁颠地跟过来（看来健美女并不能有效控制狗），然后两只狗再次展开相爱相杀，直到小灰的出现。

说起小灰，他的地盘是从"戴小帽的女人"的家往外辐射200米。据我的观察，这只小灰虽然外表狰狞，但内心是个哲学家，经常见它默默看着远方思考狗生，对"后辈"们（好比我家的狗）也很宽容。然而这个世界终究是"看脸"的世界，健美女一看到丑陋的小灰就如临大敌，立马抱起GiGi，大概害怕一个闪失，不仅500泰铢没了，还得赔偿医药费（奇怪，她好像不担心我家的狗会咬GiGi，应该是料准我会为"惨案"负责）。

"不用害怕，这只流浪犬不咬狗。"我对她说。

"不，它很凶，会咬GiGi。"

我心想她大概把小灰和小花混淆了（四巷的小花偶尔会上三巷巡视，至于它会不会咬同类？我没亲眼见过，不能乱说，但小灰绝对是条好狗，乖得很）。

结果还没等我替小灰洗刷冤屈，少爷便骑着电动独轮车出现，健美女见状，迅速放下怀里的狗，然后装模作样地笑对狗说："GiGi，妳看这是谁？"

少爷飞车经过时，不忘跟GiGi打招呼，看那情景，应该是自家的狗无误。

谈起少爷，就不得不提我家这栋楼的对面小区，明明只隔着一条不到四米宽的窄巷子，价格却有天壤之别，住户看起来也高大上许多，这其中就包括少爷。

"少爷"当然是我取的，原因是他总一身潮服，不是开着敞篷跑车，就是骑着电动独轮车，一看就知道家里有矿（根据健美女的说法，此人来自澳大利亚，家里还真可能拥有矿山）。

既然是有钱人家的少爷，"养狗不遛"也说得过去，反正不差钱就是。

自从知道GiGi"八九不离十"是少爷的狗之后，这只斗牛犬在我眼中立即成了驾着七彩祥云的黄金狗，所谓"一人得道，鸡犬升天"，说的大概就是这个。

虽然我相当清楚GiGi的身份高贵，但我家的狗可没那么世俗，下次见面照样给它来一嘴。健美女大概也意识到这一点，从此很有默契地各走各路，也正因如此，给了我观察的机会，结果发现这个拿钱遛狗的人其实不太尽责，多数时候低头看手机，对狗也没什么耐心，不过时间倒是掐得精准（她的手机设置了闹钟提醒），说好30分钟就是30分钟，多一分都不让。

"妳何不跟狗主人自荐？"老公对我说，"30分钟只要300泰铢。"

我也想过赚这笔钱，但最后还是打消主意，不想"听命于人"是表面原因，主因是我感觉健美女对少爷有不一样的情愫，我不想坏了人家的好事。

"妳怎么知道？"老公问我。

"看眼睛，当她望向少爷时，眼睛会发光。"我答。

老公听完哈哈大笑，他说如果一个人的眼睛会发光，不是怪物就是外星人。

我彻底无语了，该怎么让老公认识到中国文字的博大精深呢？嗯……这的确是个深奥的课题！

16、泰国人的数学是体育老师教的？

前几天，我和老公上超市，像往常一样，他走他的路，我走我的，然后兜兜转转后，我俩又相逢了。

"妳在干嘛？"老公问我。

"看洗衣液。"我指向挂着特价标签的1.5升洗衣液，"这个便宜50泰铢耶!"

我正要伸手拿，被老公阻止了，因为他发现同样品牌的小包装洗衣液两袋（750ml+750ml=1.5升），在没有特价的情况下，竟然比"正在促销且大包装"的便宜。

这种奇葩的打折法已不是第一次见到，让人不禁怀疑是纯粹计算能力不行还是漫不经心所致？

再讲到找零，一般泰国商店的收银台应该不致于出错，因为扫码后会有金额显示，再把收到的钱数输入，该找多少一目了然，除非数错钱，否则很难出差错，但路边摊和苍蝇小店就不一定了（前者手忙，可能没时间按计算器；后者手写账单，增加出错风险），而这正是测试泰国人计算能力的最佳对象。举个例子，有一天我在夜市买了几根炸串，老板说77泰铢，我给了100泰铢，老板转身去找零钱，此时老公忽然觉得身上的铜板太重，不想携带，于是当老板把23泰铢递过来时，我老公给了他7泰铢，然后这两人的手同时停在半空中，像被定格了似。我果断出手，收下老板的20泰铢（纸钞），再把那3个1泰铢的铜板连同老公的7泰铢一起交给老板，意思是让他给我们"一枚"10泰铢的铜板，结果老板还我们一张20泰铢的纸钞。

我瞪向老公，潜台词是——自己挖的坑自己填。

然后老公不费吹灰之力地掏出一枚10泰铢的铜板（他的铜板多），当老板收下那10泰铢时，表情无比感动（老天！他该不会以为我们给他10泰铢当小费吧？！）。

此事还没完，就在我们走过十几个摊位后，我忽然感觉不对，炸丸子每一串都是10泰铢，我另外又要了15元的炸鸡腿和20泰铢的水，怎么也不该是77泰铢呀！

我把自己的疑问告诉老公，他瞪向我，潜台词是——谁让妳吃路边摊？不吃不就没事？

再举第二个例子，泼水节刚过，我和老公便迫不及待地外出（因为不想被泼水，两人已待在山上的家三天），当经过一家生意很好的苍蝇馆子时，我们走了进去，很快便发现这是个错误的选择，因为店内之所以座无虚席乃因上菜速度巨慢，如果不是已经下了单，我们肯定走人。

等了约莫半小时后，终于上菜了，当看到那样少的份量时，我吃了一惊，等结账时，我又吃了第二惊，因为两份各125泰铢的盖饭，手写账单上显示的却是460泰铢。

"给钱就是，别问了。"老公小声对我说。

460泰铢约92元人民币，说多不多，但我不想给得不明不白，于是问椰子一个多少钱？

"80泰铢。"那个年轻的男服务员答。

"80？"我再次确认。

"……85。"他的声音开始发抖。

"水呢？"我继续问。

"20泰铢。"

我开始心算起来，125+125+85+85+20（我们只叫了一瓶水）=440，可是他却要了我们460。

想着多出来的20泰铢不过4块钱人民币，加上小伙子已经吓破胆了（他的脸色青一阵紫一阵的），于是我假装不知情，把钱给付了，哪知一走出餐厅就看到外墙上的广告——椰子50泰铢一个）。

"付了就付了，妳可别进去吵架哈！"老公提醒我。

真是知妻莫若夫，当得知自己上当受骗（而我还担心小伙子脸上挂不住）时，真有跑进去大干一架的冲动，但再一想，只是"被骗"90泰铢，下次不来就是，真没必要为了区区18元人民币损失个人形象（骂人可一点儿也优雅不起来），所以吃下哑巴亏，默默走人。

这个例子乍看之下明明就是"欺骗"，怎么被我归为"计算能力不佳"？因为我相信那个小伙子原来只想坑我们60泰铢，也就是一个椰子"只"多要30泰铢，这也是为什么他一开始说80泰铢的原因，后来大概意识到自己的计算能力"可能"出错了，才更正为85泰铢。简言之，依据我的判断，他原先的想法是125+125+80+80+20，结果计算错误，得出460泰铢的结论，莫名其妙地又多坑了30泰铢。

（注：盖饭和水已在菜单上明码标价，不好动手脚。）

以上所说只是个例，因为天地之大，哪里都有骗子，断不能一竹竿打翻一船人，何况大部分的泰国人还是诚实的，这个得声明一下。

回到标题——泰国人的数学是不是体育老师教的？如果抛开计算器的运用，我认为大概率是"Yes"。不过话说回来，泰国人好像也不care这件事，算错就算错了呗！道个歉，再给出正确的不就结了？有什么大不了的?

仔细一想，的确也没什么要紧的，放眼世界，每天都有惨绝人寰的事发生，还有那么多人自杀、那么多人得抑郁症，这么一比较，小小的计算错误顶多只能算是生活中的插曲，听多了上火，但偶尔听一听，还能乐上一乐，也不算一无所获。

17、昆虫大作战

有一天晚上,路灯下又有密密麻麻的虫子在飞舞,老公问我家里的窗帘拉上了没?

"拉上也没用,你知道的。"我答。

第一次见识到此飞虫是在去年,当时说有多狼狈就有多狼狈,不仅头发、衣服上都有虫子在爬,回家一开灯,那叫个壮观,不仅群虫起舞,另有一批"陆军"在墙上、桌上、床上、椅子上、炉灶上、马桶上……爬来爬去,吓得我直跳脚。

"不行,今晚我们得睡酒店。"我说。

"妳以为虫子识字,看到酒店的招牌就绕道而行?"老公问我。

想想也对，于是抛开任性，开始着手解决问题，步骤如下：

1、将所有门窗的缝隙都塞上纸巾（哪怕肉眼看不到的空隙），因为这些虫子的体型微小，即使门窗都关上，只要空气能进入，它们照样挤得进来。

2、点燃蚊香，阻止更多的飞虫进入。

3、关门打虫，伸手能及的，戴上手套一一拍死；伸手不能及的，杀虫剂便派上用场（后遗症便是我和老公差点儿被呛死）。

然而不管我们怎么努力，虫子依然源源不断地出现，真是见鬼了！莫非它们有分身？

还是老公发现症结所在，原来虫子通过冷气机的排气孔进到屋内。于是我们关上冷气，再用胶带把所有的通道全部封死，这才阻止势态进一步恶化下去，可是接下来就难受了。

"我好热呀！"我说。

"要嘛热死,要嘛被虫子烦死,二选一。"老公答。

我选择前者,因为那些虫子让我头皮发麻兼起鸡皮疙瘩,想起来就作呕(经此事后,我们买来电风扇,以应未来的虫祸再起)。

后来我上网一查,得知此虫正是大名鼎鼎的蜉蝣,常在溪流、滩湖附近活动,对水质的要求很高,所以常用于检测水域的类型和污染程度(换言之,我住的地方水质很好)。据说每当春夏之交的傍晚至夜间,正是蜉蝣进行"婚飞"的时刻,交配过后,雌虫将卵产于水中,其幼虫可在水下生长2~3年,但成为亚成体后,只需两天就能化为成虫。成虫的寿命很短,几小时就会自然死亡,故《毛传》有云:"蜉蝣,渠略也,朝生夕死。",而《诗•曹风•蜉蝣》则把这种虫子形容得很美,譬如"蜉蝣之羽,衣裳楚楚。"。

知道这种可怕的虫子正是如雷贯耳的蜉蝣后,我的内心五味杂陈,因为这充满悲剧色彩的虫子原本在我心中的形象相当梦幻,如今梦碎了,只剩一地的残肢败体,怎不煞风景?

话说回来,有了前车之鉴,后来我们再亲临"大型交配"现场时,就没那么手忙脚乱了,好比进屋后先不开灯,等所有的"出入口"都被堵得死死的且工具准备齐全后才大开杀戒。

住在六楼的我们尚且如此凄惨，那就别提一楼了，这也是我们决定以后不买别墅的部分原因，除了蚊虫多这个硬伤外，听说偶尔还会有蛇光顾，还是以一种出其不意的方式出现，譬如与人共枕或者从粪坑里爬出来，然后朝雪白的屁股咬上一口等。

有关虫子的过往事迹，我就谈到这里，现在谈点儿近期的。前几天，我和老公跑到芭提雅南部的海边吃意大利餐，老公点的是意面，我则点泰餐（别问我为什么到意大利餐厅点泰餐？该质疑的是为什么意大利餐厅提供泰餐？既然提供了，我点又有何不可？）。正当我们大快朵颐之时，一只大黄蜂不请自来，在空中盘旋数圈后，落在我们的桌子上。

印象中，大黄蜂的攻击性很强，被蜇的下场很可怕，于是我边喊"有大黄蜂！"边做出逃跑的预备动作。哪知老公气定神闲地抽出餐巾纸扣在大黄蜂身上，一压一挤，再将纸揉成团置于桌面的一角，整个过程行云流水，我看得目瞪口呆。

"你不怕被咬？"我问老公。

"问题是它咬我了吗？没有，对不对？"他答。

我一时迷糊，没被咬是幸运，不代表可以一点儿防备心也无，不是吗？

我们继续吃着，不到五分钟，大黄蜂又出现在桌子上。我的第一感觉便是方才的大黄蜂没死，它从揉成团的餐巾纸里挣扎着爬出来。

"有大黄蜂！"我尖叫，并且又做出逃跑的预备动作。

哪知老公二度抽出餐巾纸扣在大黄蜂身上，一压一挤，再将纸揉成团置于桌面的一角（现在桌上有两个纸团了），整个动作一气呵成，我看得张口结舌。

等我回过神来，终于找到爆发的点。

"都是你！"我怒目相视，"谁让你没打死，它又爬出来了。"

"这分明就是不同的两只，不信我打开餐巾纸让妳瞧。"他答。

我立马拒绝。

用餐继续进行着，接着恐怖的一幕发生了——我点的包菜里有只虫，而且看起来似曾相识，分明就是一只黄蜂宝宝。

我叫来服务员，服务员盯着那只虫好几秒钟，最后问："再炒盘新的给妳，可好？"

老实说，三只黄蜂的出现让我食欲大减，但若回答退钱，恐怕会被误会恶意逃单，于是我点头同意了。结果等我快把第二盘包菜干完时，菜里赫然出现一枚黑色翅膀。

"这不是大黄蜂的翅膀，应该是其他昆虫留下的。"老公鉴定后答。

老天！现在是纠结何种昆虫的时候吗？我的疑问是翅膀在此，那虫呢？虫到哪里去了？

虽然我不愿对号入座，但明摆着的事实是——虫子极可能已被我囫囵吞下肚里去了。

"妳可别跟餐厅争论哈！"老公警告我，"一来没有证据证明妳已吃下虫子；二来泰国本来就有吃虫子的习惯，估计他们也不觉得有任何不妥。"

这让我想起刚才服务员的反应，当我告诉她盘子里有虫时，她盯着虫子看，那表情像是说："这不挺自然的？何况还能补充蛋白质呢！"

好不容易吃完这"惊心动魄"的一餐，我们沿着海滩漫步，准备享受惬意时光，无奈太阳实在太热情，才一会儿的工夫，我俩便大汗淋漓。

"不行，我得喝杯凉的。"老公说。

于是我们在本地人开的杂货店里买了饮料和冰淇淋，换来能坐在店內看大海的权利。

就在我们边看海边享用"下午茶"之际，一名东德女人（她自称瑞士人，但老公后来跟我说此人是德国人，还是东德，听口音就知道了）走过来问老公是哪里人？老公答完后，她转头又问我同样的问题。

"台湾，"我答，"妳知道台湾吗？"

"我当然知道，电视新闻上说某人想打台湾，就是那个台湾，对不对？"

我一时语塞，只能苦笑以对。

等我们离开座位时，那个东德女人还杵在店门口跟店主的女儿聊个没完，看我们走过来，她指着女孩的手机架要我看。

那是个很特别的手机架，蓝色小蛇的造型，手机可以挂在蛇尾巴处，我露出无比惊讶的表情。

那个东德女人见狀，乐不可支，因为达到她想要的效果。

走出店外，老公问我为何表情如此夸张？不过是个手机架而已。

"我不是惊讶手机架，而是放手机架的桌面上有好几只小蟑螂在爬。"我答。

现在换老公露出惊愕的表情，那样子像目睹了一条真正的蓝色小蛇……

18、我的梦中情屋

当我和老公谈恋爱时,他曾说他父母的家出现在当地的明信片上,后来在一个偶然的机会下,我还看到了那张明信片。该怎么说呢?由于角度拍摄的问题,那栋屋子感觉像散落在山下,前面还有个湖。

来英国后,我才发现公婆的房子前面不是湖,而是海(还是前无遮挡、一望无际的大海),不过美则美矣,但"只可远观,不可亵玩焉",因为英国位处高纬度,站在海边只需几分钟就能成为美丽"冻"人,这实在不是一件浪漫唯美之事。

几年过后,老公告诉我——他父母把海边的房卖了,买了个农场。

我后来将此事告诉同事，同事问我："妳公婆把房卖了，有没有跟你们商量？"

"他们把房卖了，为什么要跟我们商量？"我反问。

同事欲言又止，最后把话吞下。

其实我大概知道答案（只是以为同事会给出不一样的，所以好奇一问），原因就在于中国亲属间的界限模糊，父母过多干预孩子的大小事，而孩子也认定父母的财产将来会留给自己，所以一旦有大动作发生（譬如卖房），孩子往往会有意见；反观西方，父母和孩子的边界相对清晰，等孩子成年后，更是泾渭分明，这倒不是说父母往生后不会给孩子留下些什么，而是如果给了，那就心存感激；若不给，那也挺正常的。简言之，我不会（也无权）干涉英国公婆怎么支配他们的财产，就像他们从来不过问我们的经济状况一样。

撇开房子将来的归属问题，公婆的房（不论海边别墅还是农场小屋）皆不是我的梦中情屋，一来英国太冷了，气候首先就不合适；二来房屋的软装偏英式，包括暗沉的家具、厚重的地毯、小碎花、蕾丝……等，这些都不是我喜欢的元素。

尔后，我们在新西兰、澳大利亚、上海、珠海、芭提雅等，都分别买了房，老实说，买的也不是我的梦中情屋，这当然有其背景因素，譬如当时的负担能力、买下后容不容易脱手和租金回报等问题，也就是说这是无奈之下所做出的选择。

其实真正的梦中情屋就不应该谈钱（只谈合不合心意），真要谈钱，也"应该"超出自己的能力范围，如果一蹴可几，那就不算"梦"中情屋了。换言之，我的梦中情屋是建立在"现在买不起，以后也许买得起"的基础上，而根据这个基础，我竟然在离我现在住的地方不远处找到了。

说起这个梦中情屋，还真是误打误撞碰上的。话说疫情期间我们"有幸"滞留在泰国，住的还是自己的房，那真是美滋滋的，一到傍晚时分，我会独自在公寓附近散步，而到处遛达的结果便是意外发现二巷中段有一栋简洁、明亮的大别墅，颜色以黑白为主（搭配少许的深褐色），显得相当有格调。

我徘徊又徘徊，可惜围墙太高了，除了二楼以上，其余皆看不到。

"这栋别墅很接近我的梦中情屋，如果能看到细节就好了。"我心想。

后来的日子里，我每天都会上二巷转转，顺便碰碰运气，结果还真被我给碰上了。那天，我还没走近"梦中情屋"就听到里面传来孩子们戏水的声音，我因此得知此屋还附带游泳池。没多久，一对泰国男女（应该是此屋的佣人）骑着摩托车停在别墅车库前，往对讲机说了一串话后，门开了，我也得以窥见里面的模样。原来别墅由主屋和次屋构成，中间以停车场（又兼作篮球场）隔开，右手边的两层楼是主屋，呈L型，凹进去的地方做了约10米长的泳池；左手边的次屋也是两层楼，但只有方方正正的一栋，上层是健身房（安的是深色玻璃，但依稀能分辨里面的健身器材），下层应该是普通住房。整栋别墅（主屋+次屋）的最大亮点是窗户多，还是大片玻璃，估计把所有的窗户都打开，不开冷气也是可以的。

回家后，我立刻把这栋梦中情屋的优点全告诉老公，包括窗户多，不开空调可以省电费，加上斜屋顶上又安装了太阳能板，所以连照明、洗澡、做饭……等的电费也一并省了。

"我们家缺的是电费吗？我们家缺的是买别墅的钱啊！"老公说。

这样的别墅，我估计售价不低于四千万泰铢（也就是八百万元人民币往上），对于两名即将退休的人士来说，买下后就只能吃土了。

虽然"再一次"与梦中情屋失之交臂，但不妨碍我继续瞻仰它的神采，可是这次赴泰开启养老生活，我却被两只流浪犬给堵在二巷尾，原因是小黄和小黑不允许我家泰迪进入它俩的领地。

这的确令人失望，不过我也只是失望几天而已，因为我家前面这条巷子的中段有块土地准备出售，地主叫来堆土机，只半天的工夫就把小树林给铲平了，我因而又见到魂牵梦萦的"它"。

"那就是我的梦中情屋，"我对泰迪说，"漂亮吧？！"

我家狗子汪汪两声，似乎同意我的说法。

于是我又上演天天瞻仰梦中情屋的戏码，那是一种相当奇特的感觉，明明不属于我，我却为它做了好些美梦，譬如我要睡在朝东的房间里，每天清晨都能拥抱阳光；儿子是健身狂魔，健身房留给他正好；将来孙子女（如果有的话）来访，游泳池可以给他们玩水……等。

其实我也清楚房子只有在梦中最美，因为不用面对现实生活中所产生的各类问题，像是蚊虫叮咬、难打扫、持有成本高……等，所以在梦里"意淫"才是最好的结局。

（注：意淫的原意指的是通过想像达到对某种现实需求的满足，从而产生愉悦感。）

您有"梦中"情屋吗？希望它也能让您产生愉悦感，因为这才是它存在的意义和价值，就好比"星星是穷人的钻石"一样。

19、猫和老鼠

我们这栋楼住着很多俄罗斯人，"眼熟"了之后，我发现了一个奇怪的现象——年轻的俄罗斯人普遍纤瘦（就是那种骨瘦如柴的瘦），但年长者就不一样了，好像充了气似的，身上自带两个游泳圈，一个在胸脯的位置，另一个在肚腩。

当我以为这就是俄罗斯定律（或者诅咒）时，一对男女打破了这条金规铁律（明明已到了该长胖的年纪，却仍像走红毯的明星，不仅颜质高，身材还一级棒，简直非人类），而最难能可贵的是他俩虽得天独厚，却一点儿也不高傲，见到我总是问早道好，连我家的狗也不放过。

"看来妳和狗都交到朋友了。"老公见状，遂说。

其实也没有，不过是点头之交而已。

有一天，我外出遛狗，恰逢这对男女也牵狗出来，这下子我终于明白他俩为何也对我的狗 nice 了。

都说狗的个性随主人，这对男女养的博美犬正是，而且似乎"青出于蓝而胜于蓝"，因为后来的几次"不得不近距离唠嗑"都是他家的狗牵的线。一来二去，我对"狗主人"有了概括的认识。

首先，这是一对夫妻，而不是男女朋友关系，至于差别……对我来说没差别，但对比较保守的人来说可能有差别（还没结婚，怎么可以住在一块儿？简直伤风败俗！）；其次，从真正意义上来讲，他俩并不是俄罗斯人，但因为我听不明白他们的国家名（不排除很久以前曾隶属于俄罗斯，因为他们也会说俄语），为了牵就我，只能以俄罗斯人自居。

既然对方介绍了自己的国家，我也不遑多让，一开始就言明自己不是泰国人。

"妳不是泰国人？"女的有些讶异，"可是……"

"我知道我长得像泰国人，但我不是。"

"那妳来自哪里？"

我踌躇了一下，最后答Taiwan。

"Thailand？"她露出迷惑的表情问。

"不，是Taiwan，不是Thailand。"

她思考了一下，接着恍然大悟地说："噢！我知道了，靠近日本的那一个，对不对？"

呃！与其说靠近日本，其实更靠近中国，这么一解释，她又迷糊了。

"那妳说什么语言？"她问（显然想从语言找答案）。

"普通话。"我答。

"台湾人会说普通话？哇！妳好厉害。"

我的额头顿时出现川字，这也太尴尬了！而尴尬之余，我也有些纳闷，因为我回答的是Mandarin（普通话），而非更普遍的说法Chinese（中文），她又是如何知道的？

答案在接下来的对话中揭晓，原来她曾在广州和成都工作过，是一名舞者兼DJ。

"妳的身材的确像舞者，"我说，"但气质更像大学老师，尤其妳的英语还这么流利。"

哪知她立即否认，同时解释她的学历一般，不足以当大学老师，至于英语……她从未经过正统的学习，而是跟着孩子们学的。

哇！自学也能学到这种程度，我甘拜下风。

读到这里，看倌们可能很好奇为什么这篇的篇名叫《猫和老鼠》，别心急，且听我道来……

话说又过了一阵子，当我又外出遛狗时，一个白色的影子忽然冲了过来，亲昵地与我家泰迪玩亲亲。

"Honey，%&¥@%……"

白色博美犬一听，立即跑回去挨训，样子颇为可怜。

我牵着我家泰迪走过去，说："Honey有个好老师。"

"我不在乎Honey跟别的狗打招呼，"她解释，"但这个得教育，否则车来车往，很容易出车祸。"

我完全同意她的说法，同时也确认了她家的狗真的叫Honey（甜心）。

针对狗名，她进一步做出说明，原来在她的国家，狗贩子会先给幼犬取单个英文字母的名字，譬如她刚买下博美犬时，它叫H，加上又是个母的，所以她取了Honey这个名字。

这唤醒我的好奇心，既然狗叫Honey，那么她老公喊她什么？

"哈哈哈……"她乐不可支，"他叫我老鼠。"

我瞪大眼睛，竟然有人如此称呼自己的老婆？简直罪无可赦！

"老鼠"女士听完后，赶紧替自己的老公喊冤，原来在他们的国家，恋人之间通常以动物作为昵称，譬如马、鹿、熊……等等。

"既然这样，妳称妳老公什么？"我又问。

"猫。"她答。

我又瞪大眼睛，猫不是吃老鼠吗？这对夫妻的脑路可真神奇！

"如果非得以猫、鼠互称，"我说，"我认为女的应该叫猫，男的叫老鼠。"

"为什么？"她问。

我答因为猫给人阴柔的感觉，老鼠则差多了，好比獐头鼠目、狐鼠之徒、抱头鼠窜、贼眉鼠眼……等（这些不好翻译，我统一称为"以鼠之名，形容小人、狼狈不堪或丑陋的样子"）。

她听完哈哈大笑，说我真有趣！

又又过了一阵子，我又又外出遛狗，碰巧看到"老鼠"女士和"猫"先生站在楼底下，还没等我开口问，"老鼠"女士主动表示房东涨房租了，从每月9000泰铢涨到15000泰铢，所以他们打算搬家，目前正等中介带他们去看房（看的是邻近这栋）。

"你们想看的这栋都是大平数的。"我说。

"我知道，但如果同样的租金能租大一点儿也好。"

"中介没跟你们说租金多少钱吗？"

"他说看过房子后再谈这个问题。"

我欲言又止，最后还是把话吞下（上个月，有一位租客正从那栋楼搬到我们这栋楼，想来也是涨租金之故，如今他俩反着来，我认为结果可能不太妙）。

"祝你们看房顺利哈！"我说。

"谢谢！"他俩异口同声地答。

然后我牵着狗，往7-11的方向走去……

20、泰国人最爱欧美人吗？

网上说泰国人最爱欧美人，次爱日韩人，至于中国人……那就像看到大肥羊一样。

事实果真如此吗？

在表达我的浅见之前，我先说点儿题外话，今天我牵狗下楼，一位印度邻居走在我前面，当他推开大门后，并没有扶着门，害我差点儿被门打到。如果换成一个欧美人，十之八九不会如此"无礼"，但我并没有生气，因为我知道这是一个人的生活习惯使然，未必有意"无礼"，而我之所以有如此深刻的体会，乃因我也曾被当作"无礼"之人。

话说当年移民新西兰之后，我着实被这个截然不同的生活圈给严刑拷打，不扶门便是其中一项，可笑的是即使有人冲着我喊："Excuse me，you're so rude."（妳很粗鲁），我仍不明所以，单纯地以为自己被区别对待，直到过了一段时间后才明白症结所在。

我生长的环境没有扶门的习惯，我也不认为这很重要，但对某些国家来说却是无法容忍。

再举一个例子，儿子14岁时到英国读寄宿学校，暑假回上海与我们团聚，吃饭时，盘子里只剩一个春卷，他逐一问过我们要不要吃？得到否定的答案后，他才夹起来吃。

"这是不是学校教的？"我问。

"当然，妳没教，害我在学校出糗了。"他答。

后来发现由于我没教的事情太多，导致他对我的信任度大幅降低。

因为曾有过这样的经历，所以我认为泰国人未必崇拜白皮肤，而是欧美人士集体表现出来的状态很合泰国人的脾胃，当然受欢迎。

举个反面的例子，上个月，我和老公到中天海滩的日本拉面店解决午餐，一个白种人走了进来，就坐在我们的隔壁桌。服务员递上菜单后，转身忙别的去（正常情况下，客人总要花点儿时间才能决定吃什么）。

"嘿！这是什么？"那个洋人很大声地喊。

服务员马上跑过来，很热心地解释，等客人貌似都了解后，他才走开（事情发展到这里，的确很符合网上说的——泰国人最爱欧美人）。

结果不到两分钟，那个洋人又大声喊嘿（而不是轻声喊"Excuse me"），这次服务员假装没听见，直到又喊了好几声，这个服务员才慢吞吞地走过来，原来的热情已经消失殆尽。

到了第三次喊嘿，不仅原来的那位耳背，其他的服务员也同时失聪，最后洋人只能快快离店。

待人走后，我对老公说："那个人好没礼貌喔！"

"的确丢脸。"老公答。

看！没礼貌的人到哪里都不受欢迎，即使是白皮肤也一样。

回到主题——泰国人是不是最爱欧美人？我这么说吧！身为东南亚唯一没有沦为殖民地的国家，泰国向来走的是"中立、骑墙、不好争端、左右逢源"的路线，加上观光旅游业是这个国家的重中之重，所以我不认为他们会明显偏向某国，而是试着将一碗水端平,从而达到不树敌的目的。对于小国而言,这是明哲保身(作褒义词用),也是一种大智慧。

21、谁来买单？

第一次和老公约会是在一家比萨店（相信我，三十年前能在台湾的比萨店约会是很拉风的一件事），结账时，我提出Go Dutch。之所以如此"豪爽"，乃因当时台湾的外国影集多来自美国，而美国又特别崇尚明算账，据说连父母与成年孩子之间也不例外，举一反三的结果，我认定所有洋人皆如此。

"不，我来付。"他说。

"不，Go Dutch。"我答。

然后当时还是约会对象的老公便噤声了。

买完单，我说我必须去回应大自然的呼唤（answer the call of nature，上厕所之意）。等我一起身，他说："钱在妳的包里。"

"什么钱？"我问。

"妳待会儿查包就知道了。"

到了洗手间，我拉开包包的拉链一看，几张皱巴巴的纸钞躺在里面。

后来我发现脑海里的美国印象并不能全应用在英国（虽然这两国本是同根生），好比美国人比较话痨，英国人则相对严肃；美国的喜剧片偏向打闹，英国的喜剧片讲的是幽默……等。放在约会的买单问题上也一样，三十年前的美国男人或许已经开始要求约会对象各付各的，但至少当时的英国男人还流行替女性买单，甚至还会替女性拉开座位，尽显所谓的绅士风度，现在则不好说了。

（注：Go Dutch是各付各的，AA制是平摊费用，两者不尽相同。）

"妳和男朋友出去，谁买单？"我问住在英国的女儿。

"平摊费用。"她答。

"他没说他付？"

"说了呀！可是我不要，我自己有钱，为什么要他付？我才不是那种女人。"

"哪种女人？"

"爱占人便宜的女人。"

我又把同样的问题甩给住在英国的儿子。

"有时候平摊,有时候她买单。"他答。

"妳女朋友同意了?"

"她赚的比我多。"

"这样不好吧?!"

"哪里不好?"

"男生应该买单才对。"

"如果每次都由我买单,我早破产了。"

说的也是,英国的工资虽高,但消费也贵,出去吃个炒面,起码十英镑。换言之,如果次次约会都由某一方支付,这将会是一笔不小的开支。

回来讲我和老公,谁能想到婚前急于买单的人,婚后却当起甩手掌柜,理由是钱都在我这里,他身上一块钱也没有。

"这样好了,我给你钱,你去买单。"我说。

"为什么?"老公问。

"由女生买单好奇怪!"

试过几次后,我感觉意义不大,因为买完单,老公直接把零钱交给我(他向来只携带手机和车钥匙,连个钱包也没有),明眼人一看,还是我买的单,何况有几次找回来的钱数对不上,两人免不了又起争执,可说是得不偿失。

来泰后,虽然目睹过很多奇葩事,但第一次见识到由买单问题所引发的奇葩现象居然不是泰国人,而是一对俄罗斯祖孙,且听我道来……

那天在7-11里,我选好东西去结账,排我前面的是一名俄罗斯奶奶,她探头探脑的,似乎在寻找某人。等轮到她时,一名小伙子以迅雷不及掩耳的速度插队进来,很容易让人以为这两人是一块儿结账的。果不其然,收银员刷完奶奶买的饮用水,紧接着刷小伙子的零食,然后报出一个价格。

"水不是我的。"小伙子理直气壮地说。

奶奶和收银员同时怔住了,于是小伙子进一步做出说明:"她是我奶奶,她想买水得自己掏钱。"

不解释则已,一解释更加令人气愤,一瓶水而已,至于吗?而我是气上加气,既然分得那么清楚,那就是不同的两个单,这让"插队"失去正当性,简直不尊重排在后面的我!

至于泰国人约会的买单问题，依据我的观察，虽然这是一个女多男少且男女比例严重失调的国家，但泰国女孩并不会因为"竞争激烈"而"降低期待"，所以约会男女十之八九还是由男性买单，就别说"假日夫妻"了，肯定也是男的付费，我把这个现象告诉老公。

"妳为什么纠结这个？"他问。

"因为每次都是我买单，别人会以为我倒贴。"我答。

"妳怎么不想想自己是富婆，还包养了个洋人？"他说。

"富婆肯定包养小奶狗，怎会包养老头？"

"那么就这么想——妳请包养对象的爸爸吃饭。"

老天！谁会这么百转千回地胡思乱想（还想得这么离谱）？

您若问我兜兜转转后，现在由谁买单？当然还是我，对于能接受两位数误差的老公而言（如果少收，就权当给了小费），我可舍不得拿钱大方！

22、蛇的二三事

动物当中,蛇绝对能上我的厌恶排行榜,它们不仅看起来阴险,皮肤上的花纹也让我起鸡皮疙瘩(搞不懂为什么有人会喜欢蛇皮制品?)。谁能想到像我如此厌蛇之人,小时候居然还吃过蛇肉,且听我道来……

在那个不富裕的年代,吃蛇肉并不便宜,当然得有个充分的理由,那就是我的双腿长满脓疮,而之所以长脓疮,乃因我是招蚊体质,满腿的蚊子包被自己抓破后,由于没做适当的处理,成了溃烂状,样子很惨不忍睹。

我的父母并不清楚个中缘由,只当是某种皮肤病,一听说吃蛇肉有效(我猜这与蛇皮的光滑平整脱不了干系),立即央求邻居带我去吃。

虽然已提前被告知要去吃蛇肉,我的內心也很抗拒,但切成段的蛇肉根本看不出它原来狰狞且可怕的外表,加上香味扑鼻,吃起来很像鱼肉(也有人说像鸡肉),我甚至一度以为自己被捉弄,其实吃的不是蛇肉,而是某种鱼类。

虽然蛇肉不难吃,甚至说得上好吃,但这并没有改变我对它的厌恶。

来泰国养老后,在对蛇厌恶的基础上,又加了恐惧,原因出在泰国以蛇多闻名,有句话"泰国不是捅了蛇窝,而是就在蛇窝里",由此可见一斑。雪上加霜的是,一条可怕的视频不巧被我看到(大蟒蛇从泰国某个人家的马桶里爬出来),害我好几天都不能安心上厕所。

其实泰国的"蛇灾"其来有自,甚至可以说占尽了"天时地利人和",以下分别述之:

1、天时

泰国的雨水集中在每年的6~10月,如果雨季的雨水过于旺盛,从而淹没蛇的栖息地,蛇便会"被迫"闯入居民区,给居民带来困扰。

· · ·

2、地利

泰国的河网密布，草木茂盛，成了蛇类的完美栖息地。

3、人和

泰国人不吃蛇肉，加上人们不会随意伤害小动物（这些都是蛇的食物），导致蛇的数量进一步增加。

如果蛇多算是缺点，依据"有弊必有利"的原则，其利处便是老鼠因此减少（被蛇吃了），同时以蛇为对象的产业也应运而生，譬如职业捉蛇人、蛇园、蛇酒、毒蛇研究中心……等。

虽然这个国家到处都有蛇的传说，但落在现实生活中，我也只是偶尔在路旁发现蛇蜕皮后所留下的老皮。

有句话"常在河边走，哪能不湿鞋？"，应用在蛇多的泰国上就成了"常在蛇窝里，哪能不见蛇？"，果然这一天遛狗时就让我碰上了——我家狗子不知怎的，总想往草丛里钻，皆被我强行拉回，后来我隐约看到草丛里有一根粗绳，定眼一看，乖乖，这哪是绳子？分明就是一条红白黑相间的活蛇！

逃回家后，我立即有写大字报（提醒邻居小心蛇出没）的冲动。

"别大惊小怪了，蛇在这里就像家禽家畜一样的存在。"老公对我说。

待我冷静下来，发现老公说的不无道理，这附近最不缺的就是草，草多自然藏蛇的机率就高，一条尚能小心，蛇多就不愁了，而几天后发生的一件事则让我更加坚信这种想法。

话说天黑后，我家前面的这条巷子除了昏黄的路灯外，大部分处于漆黑状态，所以天亮后若发现路上有被车辆辗压的小动物尸体（譬如青蛙、蜥蜴等），也就不足为奇了。然而这一天还是有些离奇，因为我居然发现一条"完整"的蛇尸，它的身体像纸片一样薄，蛇头处有血迹，苍蝇和蚂蚁正勤勉地做着清道夫的工作……

见此情景，我的胃开始翻腾，就差呕吐。

又过了几天，我路经"车祸"现场，结果蛇头不见了，只剩一个透明塑料状的壳，这和之前所发现的一模一样（我以为那是蛇蜕皮后所留下的老皮）。

敢情那一件件"老皮"其实都是一桩桩的死亡事故？果真如此，岂不证明我和邻居们"真的"处在蛇窝里？想想就不寒而栗呀！

23、同胞最坑同胞？

所谓"害人之心不可有，防人之心不可无"，出门在外，再怎么小心也不为过，不过凡事都有个度，过了绝非好事。

心理学上有个名词叫"受害人情结"（简单地说就是自己对他人总是心存疑虑、甚至觉得有人想要加害自己），以前我在澳大利亚时就曾遇到过有此情结的人，如今到了泰国又遇上，有了"前车之鉴"，我看得挺开的，甚至产生研究的想法（研究为何会有此心理现象？）。

先来说说澳大利亚的那位邻居，我们两家紧挨着，一开始她根本不愿搭理我，直到发现我家孩子跟她家孩子在同一所学校就读，这才主动靠过来，不过这不代表她已经放下戒心，譬如来我家，她从不吃我准备的食物，连水也自带。有一次，我给孩子们拍照，她紧张死了，非盯着我把她家孩子的照片一一删除后才肯罢休。

不止她本人草木皆兵，她的家人也是，来访期间，我连她家来了几个人都不清楚，唯一的一次目睹还把我吓得半死——一只眼睛从打开的百叶窗缝隙里露了出来……

回到芭提雅这位，一开始是两家狗子牵的线。

"妳给妳家的狗染发吗？"我用英文问，因为她家白狗的耳朵是黄色的。

"嗯！"

"妳是泰国人吗？"

（注：她戴着口罩，所以不好分辨。）

"不是。"

"哪里？"

"中国。"

此时我们才改用普通话交流，从谈话中，我能感觉到她渐渐放松下来，而且越讲越起劲，包括她家的狗为什么染发、拿的是什么签证、去过哪些国家……等等。好几次我想牵狗走动一下（我是招蚊体质，此时的我已被蚊子咬了好几个包），但都被她另起的话题给——留住。

"妳从大麻种植者的手里买下房子,那他一定很有钱啰!"我问。

"当然,前屋主其实也不是诚心卖,所以一点价都不让,很多人都说我买贵了。"她答。

回家后,我告诉老公认识了一位新邻居,还是中国来的,大概平时找不到人说话,所以话匣子一打开就停不下来……

几天后的黄昏,我下楼丢垃圾,结果丢完垃圾一转身,发现流浪狗小黄趴在正前方约一百米处,而我的中国"老乡"则站在右前方约五十米处不动,怀里抱着狗。

我以为她惧怕流浪狗,所以对她说:"那只狗挺凶的,妳还是从大门进去吧!"

"我不回家。"

一答完,她抱着狗走向停在巷尾的宝马车,一名男士紧随其后(我还想着要不要跟她的男人打声招呼?结果人家愣是正眼都不瞧我一眼)。

又过了几天,我又下楼丢垃圾,当看到她抱狗走出来时,我说了一句:"遛狗啊?!"

她嗯了一声,快步走开。

如果第一次见面算得上热情如火,那么第二和第三次就是冷若冰霜,为什么会这样?我认为问题不是出在我身上,而是"受害人情结"在作祟,我甚至能勾勒出一幅画面:女人回家告诉男人认识了一位新邻居,台湾来的。男人告诫她保持距离,因为在海外,会在背后捅刀的往往是自己的同胞……

老实说,遇上这类自我防备心极强且不介意表现无礼的人,我只能自认倒霉(虽不致于心灵受伤,但心情绝对美丽不起来)。

今天,我下楼遛狗,忽见俄罗斯邻居弯腰拾起地上的鸡蛋花,猛吸一口后,把花交给怀里的娃,娃也有样学样,连吸好几口花香……

" Good morning."女人笑对我说。

" Good morning."我也报以微笑。

不知怎的,这幅画面让我感觉好温馨,这才是打开一天的正确模式,什么乱七八糟的提防与算计,就让它随风而去吧!

24、在泰国看牙医

两个礼拜前,我的电脑不打一声招呼就挂了,而且"死状甚惨",连修电脑的师傅都说不保证内存的东西皆能找回来。Anyway,买新电脑迫在眉睫,我和老公立即北上曼谷,因为芭提雅没有苹果店之故(很不可思议吧?但事实正是如此)。

到了下榻酒店,老公才发现他忘记带电动牙刷,这也没什么,买个牙刷得了,但他竟然……

"你知道也有15泰铢一支的牙刷吗?"我问。

"我知道,但那些是软毛的,我需要硬毛的。"老公答。

花123泰铢买下一支"应急用"的牙刷,在我看来既奢侈也没必要,问题是高价牙刷还把老公的陶瓷牙给"剥了一层皮"，以致还得上牙医诊所修复，那才糟心！

既然老公看牙医势在必行，我决定也顺便洗个牙，同时把一直闹心的牙洞给补上。

说起这个牙洞，还是在上海洗牙时所留下的后遗症。我揽镜一照，洞很小，不仔细看的话，完全看不出来，但我的舌头就是能感觉到，时不时去舔它，很是烦人，于是想借机补上。

当我和老公来到牙医诊所预约时，我亲耳听到他说"我老婆也要看牙医"，结果到了约定日的前一天，老公的手机传来牙医诊所的短信通知，文末提到——请别忘了提醒您的女朋友一同赴约。

"你不是告诉前台我是你老婆了吗？"我问。

"大概那个女的不相信吧？！"老公答。

"不相信什么？"

"不相信妳是我老婆。"

这年头还有人会"骗"别人自己已婚（还是在这种无关紧要的小事上）吗？实在太不可思议了！

转眼到了看诊这一天，由于我是第一次就诊，得先填个问卷，但问卷上有一条很奇怪，以致我还要询问老公。

"这是问妳在以往的医疗过程中有没有出现过应激反应？"他说。

"什么是应激反应？"

老公思考了一下，才答："我猜诊所想知道妳会不会在治疗的过程中突然心跳加速、血压升高，甚至攻击人。"

"攻击人？"

"嗯！国外就曾发生患者打牙医的事故。"

我认真想了一下，其实这道问题很有问题，曾经有应激反应不代表这次就一定会有，同理，以前没有应激反应也不保证这次就绝对不会发生。

当我把这个想法告诉老公时，他说："这是妳该考虑的问题吗？妳就根据以前的状态作答，提醒妳——如果回答Yes，牙医很可能会拒绝替妳治疗。"

我后来还是勾选No，同时感觉有时脑子太过清醒也不是好事，这道问题若让10个人来答，大概10个人都会勾选没有应激反应（包括曾经打牙医的那一位）。

填完问卷没多久,老公就被叫进去,大约半小时后才出来,紧接着换我上场。

当我在治疗椅上坐下后,护士指着一杯红褐色的液体对我说:"润丝。"

我猜她把我看成了"自己人",于是用英语告诉她——我不会说泰语。

护士愣了一下,再次指着杯子说"润丝"。我灵光一闪,她说的可是"Rinse"(漱口)?

这实在太尴尬了,我赶紧照做。

等我漱口完毕躺下,牙医问我:"可令?"

"Sorry, I can't speak Thai language."我答。

牙医又重复一遍"可令",我又灵光一闪,他说的可是"Clean"(清洗)?

我连说三遍Yes,好掩饰内心的慌张。

好了,接下来终于可以洗牙了,护士替我的脸罩上一块布,只留下口鼻处空着。

本来我以为那块布是防止水溅到我脸上,后来发现这块布的作用堪比盔甲,倘若没这块布,我的脸恐怕会留下大大小小的指甲印(不知为何,这位牙医在操作时总将手指抵住我的脸,然后依据清洗的难易度和角度,决定不同的施压方式和力度)。

好不容易洗完，脸上的布也撤去，接下来便是补牙。以前我也补过牙，痛是痛，还在忍受的范围内，可是这次不一样，尤其当材料被填入洞里时，我痛得眼泪都出来了，赶紧伸手制止（嘴巴说不了话，只能靠手势）。

"Hold on. Hold on."牙医说。

Hold on的意思是"坚持住"或"等一下"，不论哪个，我都有打人的冲动（我已经伸手示意我很痛，你好歹也暂停一会儿）。

事实证明，我的"潜在"应激反应最后还是被我给克制住，这位牙医运气好，侥幸逃过一劫。

走出诊疗室，我立马将牙医的"恶行"告诉老公。

"打麻药了没？"老公问。

老实说，我还真忘了有打麻药这件事，大概牙洞太小，牙医主动省去那个环节。

"没。"我答。

"那妳还抱怨什么？人家替妳省钱了。"

后来我的账单送到，洗牙1200泰铢，补牙1000泰铢（没有麻药这一项），总共消费2200泰铢，折合人民币约440元。

看在收费便宜的份上,我也只能把不满吞下,这大概是平民百姓最真实的反应吧?!

25、到泰国养老真的比较LOW吗？

今天，当我躺在床上刷手机时，室内光线一下子暗了下来，我往窗外一看，有一朵大乌云压顶。

我立马跳下床，冲到阳台看个仔细，还好，路是干的。

"怕是快下雨了，"我对老公说，"我还是赶紧遛狗去！"

说完，我动作迅速地把家里的两袋垃圾扎好，接着拿出狗绳套狗（这得先有个仪式——边抚摸狗子的同时，还得说些赞美它的好话。如果跳开此步骤，我家泰迪抵死不从）。

等套好狗绳，我右手牵着狗，左手拿着垃圾下楼去，结果一推开底楼大门就懵了，顿时有落入平行时空的感觉，因为天上的乌云不见了，取代的是带着白色棉花状云朵的蓝色天空（参考宫崎骏动画片里的天空），而地是湿的。

"不会吧？！这么快就下完了？"我心想。

从我发现乌云，再到走出公寓楼，前后不超过十分钟，这雨下得可真快！

说起芭提雅的天气，虽然现在是雨季，但下雨的机率并不高，而且多集中在夜间，所以白天出行几乎不受影响，甚至偶有被欺骗的感觉，好比明明是个大阴天，想着不用擦防晒油了，结果一眨眼的工夫，热情如火的太阳又露脸，直接把我晒得全身冒烟。

有朋友问我为什么要到泰国养老？不嫌热吗？

老实说，如果很热和很冷只能选一样，我会选择很热，因为天气会严重影响我的心情。话说回来，选择泰国养老并不全然为了天气，最大的主因还是因为这里的人，他们大多友善，也乐于助人，骨子里还有少许的卑微感，这让我的身心感到无比舒畅。

为什么要提到"卑微感"？这是为了给接下来的内容做铺垫。话说我曾长居过新西兰和澳大利亚，这两个都是先进国家，也就是所谓的"high"，我想没人会反对吧？！那么就让我来谈谈那里的人，撇开个别现象不提，一般白人的骨子里其实是高傲的，而高傲需要一个参照物（如果把两个高傲的人摆在一起，那就不显高傲了）。也就是说，高傲的人必须在卑微的人面前才能显现出来，那么谁会是那个倒霉蛋？可想而知，没有比低眉顺眼的外来移民更加合适的了。

换言之，当年居住在新西兰和澳大利亚的我并不感觉快乐，甚至说得上抑郁，所以没必要临老又自投罗网。举个例子，如果有两双鞋摆在我面前，年轻时的我大概会选择漂亮的那一双，即使不合脚也认了；如今的我年过半百，能不能光彩耀人已没那么重要，但必须保证我的双脚不受累才行。同样的道理，当我选择养老地时，人均GDP高不高？科技发不发达？名校多不多？工作容不容易找？这些都不在我的考虑范围内，我只想选个能让我的情绪时刻保持稳定的地方度过下半辈子，那么"low"点儿又何妨？何况某些人眼中的low却是另一群人眼中的high，孰低孰高，还真不好说。

26、粉红色诅咒

很久以前，我曾看过一部英国影集，內容讲述三个男人在酒吧吐槽自己有多可怜，当最后一个男人说他太太把房间刷成粉红色时，其他两位皆同意他最可怜。

"这很可怜吗？"我问一起看电视的老公。

"粉红色耶！不可怜吗？"老公反问。

"哪里可怜了？"

"粉红色是女生的颜色。"

这个"女生"听起来像是必须划清界限的对象。

因为此事，我开始留意起老公的个人物品，发现真的没有粉红色，甚至连紫色也没有

（后来他说了，紫色也是女生的颜色，只是严重的程度比粉红色轻一些）。

有一天，儿子就读的小学举办骑自行车比赛。回家后，他迫不及待地告诉我——欧文骑他姐姐的粉红色自行车参加比赛。

"所以呢？"我问。

"男生不可以骑粉红色自行车。"儿子答。

"为什么不行？"

"那是女生的颜色。"

因为此事，我开始留意起儿子的喜好，发现他真的不选任何带粉红色的东西，这还包括食物，譬如粉红色冰淇淋、粉红色马卡龙、粉红色甜甜圈……等。

"你是不是给儿子洗脑了？"我质问老公。

"这不需要洗脑，全天下的男人都知道。"

此回答难免武断，因为不是所有男人都对粉红色敬而远之，好比我就曾在上海街头看到男生替女朋友背包，背的还是香奈儿的粉红色菱格链条包。

时光荏苒，岁月如梭，转眼我和老公也到了退休的年纪，并且双双飞到泰国养老。起初，我们以每月2700泰铢的价格租下摩托车当作交通工具，半年过去后，意外发现买一辆全新且带ABS功能的摩托车也就七万多泰铢。换言之，买新车比租车划算，当然买车去。

当我们兴冲冲地打车去提车时，结果被告知刷卡付费得多付3%，正犯难之际，前台好心地借给我们一辆摩托车（售车处附近没有提款机，要到一公里外才有）。

老公望着借来的摩托车发愣，像是遇到什么棘手的问题。

"这是一辆粉红色的摩托车。"我轻轻地说。

"我知道。"他答，"妳骑好不好？"

"不好。"

本来我们的计划是骑租来的摩托车去提车，回程时，老公骑上新车，我骑旧车，如此一来便可省下打车费，但实际情况却没有如此美好，因为久不骑车的我，技术大为退步，为了珍惜自己和他人的生命，决定还是别上路。如今老公为了避开"粉红色诅咒"，竟然有意将我往黄泉道上送，我当然举双手双脚反对。

听到我不愿就范，老公哀叹一声，最后还是跨上粉红色"怪物"（摩托车）去取款。

后来,我将此事告诉远在英国的儿子,儿子答换作是他,他宁愿多付3%。

"对呀!"老公嚷起来,"我怎么没想到?"

天哪!两千多泰铢就想这么扔进水里去,看来粉红色诅咒还真是个诅咒,而且貌似未来还会继续下去(至少我家老爷子和少爷到现在都还没从诅咒中解脱出来)。

27、不能在公共场所出现的私密行为

婚后，我发现有两件事会让老公啧啧称奇，一是看到男人穿粉红色的衣服或背粉红色的包（还可以扩大到骑粉红色的自行车或开粉红色的汽车）；二是见到有人穿着睡衣走在大街上。

在我看来，这两件事都没什么大不了的，但老公却接受不了，吃惊的表情像是看到有人用筷子吃意大利面或在单行道上逆行。

前几天，我和老公逛芭提雅的Central Festival商场，他忽然问我："妳看那个人穿的是不是睡衣？"

我定眼一看，一个年轻女人穿着藏青色的上下两件式薄款套装（上衣是带扣长袖，下身

是松紧长裤），冰丝面料，手里拿着一个钱包，正在东张西望。

如果由我来判断，应该是睡衣无疑，不过也难说，因为现在的某些服装设计师脑洞大开，搞不好是我看不懂的时尚服装也说不定。

等我们坐手扶梯上到上一层，我又看到三个女人穿着同款衣服（只是颜色和款式稍有不同），她们也在东张西望。

如果某个人心血来潮买下一款"看起来像睡衣"的时尚服装，马马虎虎还说得过去，但四个女人同时买了，并在同一时间穿上，这就显得太不正常了！

数小时过去后，我忽然灵光一闪，脑海里自动还原事情的"真相"——这四个女人是一家人（或朋友），出游住进商场楼上的五星级酒店。到了饭点，四人连睡衣都没换，直接下楼找吃的，由于其中一人跟丢了，所以她们皆东张西望地寻人……

当我把这个推论告诉老公时，他问我为什么中国人不介意穿睡衣走在公共场所？

（注：那四人看起来像中国人，加上我们曾在国内亲眼目睹有人穿着睡衣上街，所以老公自然而然地把那四人归为中国人。）

"睡衣也是衣服，"我答，"只要不是光着身子上街就行。"

"不行，睡衣是上床时穿的。"

我不苟同，反问难道只有跑步时才能穿运动衣？

"那不一样。"老公答，"睡衣具私密性，像内衣裤一样，妳看过有人只穿内衣、內裤就上街的吗？不被当成精神病患才怪！"

我被当头一棒，原来老外是这么想的。

"还有什么私密性行为被你们认为不能随便在公共场所出现？"我不耻下问。

老公答补妆，他曾看到女孩子在大庭广众之下拿出粉饼或口红补妆，这实在太奇怪了！如果非补不可，那也得到女性洗手间。

我再次被当头一棒，原来老外是这么想的。

"其实还有一样。"老公又说。

"What？"

"打嗝儿，这个妳经常做。"

打嗝儿不挺正常的？哪里私密了？再说也控制不住。

老公表示多练习几次就控制得住，好比放屁。

"打嗝儿哪能跟放屁比?"我哈哈大笑,"放屁严重得多,好吗?"

哪知老公正色地告诉我——打嗝儿和放屁属于同一等级,如果随意在公共场所打嗝儿,那跟放屁一样,都会被认为素质低下。

我三度被当头一棒,原来老外是这么想的。

"你怎么不早告诉人家?"我弱弱地说。

"早告诉过妳,可是妳不在乎。"

老公的确告诉过我,但我以为没严重到"等同"放屁。

"我有没有在你家人面前打嗝过?"我忽然想起,遂问。

"记不得了。"老公停顿了一下,"妳现在该担心的不是过去,而是未来,尤其别在亲家的面前打嗝儿。"

哇!说的也是,搞不好一双儿女的好姻缘会被我的一声burp给破坏掉。不过话说回来,我还真没把握到时候能控制得住。

看倌们,你们能控制得住不打嗝吗?

28、年老的迹象与醒悟

虽然我的年纪不小了，但心智一直停留在二十多岁，这也是为什么几年前当我写下人生的第一部爱情小说《新西兰之恋》时，会被误会是作者的"自传"（文中女主正值桃李年华）。不讳言地说，当年的我除了外貌上有些衰老迹象，整个精神状态还是年轻的，好比看到雄性荷尔蒙爆棚的男性时，依旧会怦然心动。哪知短短几年后就天差地别，身体机能快速下降不说，现在看到比我年纪小的男生就像看到儿孙辈，心湖再无一丝波澜。

几天前，我意外刷到一位医学博士的视频，她说维他命D能降低患上阿尔兹海默症的机率（科学理论就不提了）。我立即上药房买去，因为我"百分之两百"不想当痴呆老人，尤其在目前记忆力已大不如前的情况下。

说起我的记忆力减退,最远可以追溯到新冠病毒肆虐时,感染后的头两天很难受,几乎无法正常行走,但最痛苦的却是后三天(我的脑部好似有人用针在刺)。康复之后,最明显的后遗症便是记忆力减退,而且越来越糟糕,好比明明提醒自己洗完手就晒衣服,结果一转身就干别的去了,等想起来时,已是数小时以后的事。

除了忘事本领加速提升外,老花眼、频尿和睡眠不佳也是问题。前三项我无能为力,但后一项却是有办法克服(只要勤于写作,让头脑累到不行,一躺下就很容易入睡),比较麻烦的是夜里频尿,一个晚上总要爬起来数次,就算睡意再浓,也会因为频繁被"打扰"而降低睡眠质量。

再讲到写作,以前的我下笔有如神助,现在则往往被卡在某个节点上,最后只能以"顺藤摸瓜"的方式来攻克。举个例子,昨天我写文写到早期的中国留学生,脑海里立刻浮现出A的脸孔,她正是当年的小留学生之一,想着借鉴一下也好,可是我就是想不起来她的名字,倒是知道她的前夫是个有名的导演,可怕的是我连她前夫姓啥名啥也忘得一干二净,只记得他导过一部得到大奖的电影,叫……叫……完蛋了,连片名也跟着一起遗忘,还好"男主角是香港人,于某个愚人节跳楼自杀"倒是记住了。

于是我在电脑上打下"愚人节自杀"五个大字，张国荣的名字立即跳了出来，接着就是骨牌效应（谜团一个接一个地被解开），最终让我找到A的大名……

瞧！这就是我目前的写作状态，得靠一些旁枝末节来唤起记忆，换作从前，这些步骤完全可以省去，也难怪当我听说维他命D可以增强记忆力，并且避开阿尔兹海默症的魔咒时，会毫不犹豫地选择先吃再说，完全不顾及其真实性。

对了，在刷到医学博士的言论前，我还看过一部有关阿尔兹海默症的动画片（这就是网络大数据推荐系统的厉害之处，曾刷过什么，就给您推送什么），原来患者眼中的人物和物品形象是不全的，有的只剩概括的轮廓，甚至连颜色都没有，难怪他们会认不出人来，或者误把客厅当厕所……

一想到这些可怕的症状也许有一天会降临在自己身上，老实说，我连活下去的勇气都没有，宁愿早早归西。

毫无疑问，当亲身经历桑榆晚景、美人迟暮、盛年难再……时，任何人都免不了感伤，真要找到年华老去的优点，也不是没有，在我看来，至少"自寻烦恼"的动力会削弱不少，一来记忆力减退，想烦恼也"忘记"该烦恼什么；二来即使是新近发生的事，往往在作茧自缚之前，自己就先打退堂鼓，因为回想的过程挺累人的，与其"自我混乱"，倒不如放过自己和别人。

是的，打从身体开始出现年老迹象，我逐渐有了生命倒计时的醒悟，钻牛角尖的现象减少了，同时越来越重视养生，因为惟有让自己的身心都健康起来，才不会给家人添麻烦，这是长辈能带给晚辈的最大福泽与体贴，您说是吗？

29、母子间的微妙关系

今天早上遛狗时,我看见一对男女从我住的公寓楼里走出来,两人都身着白T恤,看样子像是一对俄罗斯母子。

我很快将目光移开,转而望向天上的云朵发呆,等他们经过我身边时,我才被两只紧握的手给吸引住,原来这不是一对母子,而是情侣,身上的白衣可作证(情侣装)。

这个发现让我想起许久以前发生的事,不过在描述这件事之前,我得先介绍一下相关的人物背景。话说那个原本在襁褓中哭哭啼啼的小男婴,进入青春期后快速拔高,很快便高出我一个头,而我最感骄傲的事便是勾住那男人的手臂,两人像连体婴似地一同压马路……没错,那个男人便是我儿子。

从我的角度看，母子感情好是一件很温馨的事，但从旁人的角度看，那可就不一定了（我曾目睹一名年轻女孩以非常诧异的表情看着我们母子二人，而当时的我竟以为她是"羡慕嫉妒恨"）。

介绍完人物背景，现在回归正题。几年前，我和儿子一同飞到芭提雅收房，收房的前一晚当然得入住酒店，就在办理入住手续时，前台姑娘忽然离开岗位（连招呼都不打一声），再出现时，一个看起来像是主管的人接替了原来的工作人员，开始查看我和儿子的护照，接着问起我俩的关系。

"He……"我看向儿子，笑了，"He's my son."

我之所以笑，乃因这是一道莫名奇妙的问题，当然是我儿子啰！不然会是谁？

后来我琢磨一下酒店的反常反应，赫然发现问题很大条。首先，我当时拿的是台湾护照，而儿子拿的是英国护照；其次，我已年近五十，而儿子还是未成年人（虽然儿子的身高超过一米八，但护照上仍能看出年纪）；其三，儿子是混血儿，除了眼睛有点儿亚洲人的影子外，基本看不出与我有任何血缘关系。也就是说，不光是看起来"配不配"的问题，当中还涉及到是否犯法，试想一名中年妇女带着未成年男孩入住酒店，还是在色情行业蓬勃发展的芭提雅,这事能不让人浮想联翩吗?

事后回想,我倒没有责怪酒店的意思,毕竟当时的情况的确很容易让人起疑。

讲到母子间的微妙关系,很多年前看过的一部韩国电影可说是极端的例子,不过倒也间接点出为什么某些家庭会介意女儿嫁入"孤儿寡母"之家。容我先简单介绍一下剧情:单亲母亲把独子当成恋人般照顾,当得知儿子有了心怡对象,并且进一步携手一生,这位母亲陷入疯狂的境地,三番五次地搞破坏,在失手杀死自己的儿子后,转而将仇恨加在儿媳妇身上,同时展开复仇之路……

我有一儿一女,恰好是回答这微妙关系的最佳人选。若问生儿和育女对一位母亲来说有无差别?其实是有的,举个例子,如果我的儿子和女儿分别交上男女朋友,针对儿子的女朋友,我多少会有争宠的心理,好比儿子若先把橙汁给他女友,其次再给我,一种"不被爱了"的感觉会涌上心头,我甚至都不想去碰那杯橙汁;倘若同样的情形发生在女儿身上,虽然我也会有不舒服的感觉,但更多是因为这件事不合礼法(应该先给长辈才对)。

所以别再说生男生女都一样(从心理学的角度,其实是不一样的),也别再对"重男轻女"有太大的敌意，因为男孩除了养老送终的实质目的外，还包括情感寄托（他是家里未来的顶梁柱，像挡风遮雨的大树一样），这很好地解释为什么当初埋怨父母（尤其是母亲）重男轻女的女人，最后也"重男轻女"了。

当然，例外还是会有的，我只是从一个同时拥有儿子和女儿的母亲角色来分析，看倌们随意看看就好，别太较真了。

30、想要有个家

时序进入十月,楼下芬兰人的交谊厅虽然仍大门紧闭,但室外的桌椅已经摆出来,我可以想象一群芬兰人正忙着打包行李,然后陆续往芭提雅奔来,直接的证据便是楼里的网速开始变慢了(从某方面来说,这并非好事)。

"昨天我看到一个从来没见过的老奶奶,今天早上我则看到一个刚下出租车,后备箱有两个大行李箱的老爷爷。"我对老公说。

"So?"

"我猜芬兰人回来了。"

"妳不喜欢?"

前面的章节里我曾经提到芬兰邻居，老实说，我还满喜欢这群"社恐"族，除了动不动就对公众事务罚款，让人产生心理疲惫外，其他都挺好的……没错，我们的业主委员会又来罚款了，这次的矛头指向无家可归的拉布拉多犬，由于毛色是白的，我们估且就叫它小白吧！

说起附近的流浪犬，它们的地盘大致底定，好比二巷归小黄和小黑，三巷归小灰和小花（严格来说，小花的地盘属于四巷，它只是偶尔来三巷巡视）。也就是说，这只小白是凭空出现的，以致于一开始大家都以为是哪个粗心的业主把毛孩子遗忘在外，根本没往"流浪犬"的方向想，尤其它的外表相当干净，而且貌似"家教"良好，既不乱叫，也没随地大小便。

等夜幕降临后，事情才开始变得诡异起来，因为隔了那么久的时间，再怎么心大，狗主人也不可能没发现家里的爱犬不见了。

几天过后，小白依然形单影只，并且安然自若地在物业办公室的入户门垫上定居下来，事情终于明朗化——这是一只如假包换的流浪犬。

我们这栋楼算是芭提雅少数几栋允许养宠物的小区之一，换言之，爱宠人士不少，于是奇葩的事情发生了，好比物业办公室的入户门垫旁忽然多出一个黄色的、全新的狗床，还有还有，狗粮也出现了，这里一堆，那里一堆，像不要钱似的（这带来了隐患，因为小白来不及吃完的，鸽子或其他鸟类便会自告奋勇"帮"它吃，于是鸟粪出现了，这里一堆，那里一堆）。

我心想物业肯定会做些什么，果不其然，底楼的玻璃大门上很快贴出告示——请别喂养流浪犬。

通常这类告示很温和，全凭住户自觉，所以爱心人士继续发挥爱的力量也就不足为奇，结果严厉的罚款来了，一罚就是2000泰铢。

虽然业主委员会是否具备罚款的权力颇有争议，但终究攸关自己的钱包（万一来真的怎么办？），所以对于小白的疼爱，肉眼可见地减少。

针对此变化，老实说，我还挺难受的，因为小白是我见过最懂得察言观色且不吝伸出援手的好狗，且听我道来……

第一次遇到小白时，它像个明星一样，许多住户围着它，讨论是谁家的狗走丢了。等流浪犬的身份一确定，加上罚款规定出笼，小白的光环迅速褪去，没人再围着它，所以当我牵着自家的狗走到大楼前面的广场时,形单影只的小白自然而然地靠过来。

"拜托,别过来。"我心中呐喊着。

结果小白仿佛有心电感应,立马止步,并且往反方向走去。

实话说,我并不是什么爱狗人士,养狗纯粹是替女儿尽义务(她的兴致一过,不想养了,我只能接手过来)。也就是说,我绝不能再对任何一只狗产生感情,否则历史将重演,而我真的不想再养狗了。

又过了几天,我牵狗走过小白的家(物业办公室的入户门垫),它抬头看了我和我家的狗一眼,很快又趴了下去。我正庆幸着,结果还没走到三巷尾,流浪犬小黑便扑了过来,我立即拉狗往回跑。

"汪、汪汪汪……"小白快速离开它的安乐窝,冲着小黑狂吠。

原本还很嚣张的小黑,气焰瞬间被浇熄,接着夹起尾巴走了。

我回望小白,打算做点儿什么表达感激之情(虽然我还没想好做什么),结果它默默走回自己的窝,一点儿都没有邀功的意思。

"又又"过了几天，我和老公骑着摩托车进入地下车库，发现小白也在那里，并且朝我们的方向走来。

"拜托，别过来。"我心中呐喊着。

结果它仿佛有心电感应，立马止步，直到我们进入电梯等候区，它才又跟了过来，同时可怜巴巴地望着我们。

"它其实是只好狗，应该有人收养它才是。"我对老公说。

"家里已经有一只了。"

"我知道。"我弱弱地答。

好在泰国是个佛教国家，对流浪犬一向宽容，甚至出台一条看似不近人情的法律规定（虐狗罚四万泰铢，同时入狱两年），这至少保障了小白的狗身安全。

（注：为什么说"不近人情"？因为泰国男人打老婆"只"罚6000泰铢，入狱六个月，如此看来，岂非"老婆不如狗"？不过根据泰国人的说法，被家暴的女人有许多渠道发声和保护自己，但狗没有，所以处罚有别。）

随着冬天的脚步近了，我很自然地将希望放在来此避冬的芬兰人身上，都说北欧人爱狗如命，如果他们当中有一人给"进退有度"的小白一个家，那就皆大欢喜了！

31、只挑一项说

今天早上遛狗时,我遇到一位老外和他的"假日老婆"(好吧!我承认他俩的关系是自己瞎猜的,不过也不是乱瞎猜,因为男的什么都没拿,大摇大摆地走在前面,女的则像个小媳妇儿似地跟在后头,左手提着一袋豆浆,右手提着一袋油条)。

有那么几秒钟,我有上前询问豆浆油条是从哪里买来的冲动,但最后还是被自己偶尔冒出来的社恐心理给阻止了。

既然话都说到这儿,我索性谈谈来到芭提雅养老后的感触(那自然是数不胜数),如果只能挑一项说,我的答案便是——芭提雅好吃的中餐馆太少了,那些想在海外餐饮业大展拳脚的中国老板们,请来芭提雅,只要出品在水准之上,包管挣大钱。

既然说到芭提雅，我也顺便谈谈普吉岛、曼谷和清迈（这三个都是我曾经去过的城市），同样只挑一项说，我的答案分别如下：

1、普吉岛——空地太多了，那些花大钱买房的人恐怕……你懂的。

2、曼谷——房屋出租应该不愁找不到租客。

3、清迈——道路规划和规定不合理，不出车祸者都是人才。

OK，以上是我的个人体会和浅见，倘若与您的看法相左，以您的答案为标准答案。

32、谜团

当我居住在上海时，曾有一个百思不得其解（至今仍没想明白）的疑问，那就是上海人为什么宁愿问老外，也不问"看起来"更像是中国人的我？

事情的一开始源于我和儿子正吃着汉堡，一名年轻女孩走过来，用中式英语口音问儿子地铁站在哪里？儿子指了个方向，那女孩道谢后走了。

"她为什么不问我？"我对儿子说。

"我也不知道。"他答。

这件事后来被我归结于女孩想找个老外练习英语口语，而某天老公忽然提起的一件事更加坐实我的猜想。

"为什么这里的人都不给我练习说中国话的机会？"老公有些气愤又有些不解地说。

经我询问才知只要他上柜台点餐（好比麦当劳或肯德基），服务人员不问则已，一问，他便得快速做出回应，否则旁边的人会主动当起翻译人员，搞得他很郁闷，因为他正想借机练习他的中国话。

由此可证两件事，一是上海人的英语水平高；二是上海人想帮助外国人的心弥足珍贵（不排除借机练习英语口语）。

然而后来发生的一件事却推翻了前面的假说，因为一位貌似农民工的人某天忽然挡住我和老公的去路，在看了我一眼后，转头用普通话问我老公："XX路在哪里？"

待人走后，我很不可思议地对老公说："他怎么问你不问我？"

"因为我长得帅呀！"他答。

在我做出快晕倒的动作后，老公正经地回答我，不过不回答还好，一回答我更加迷糊了（原以为问题出在我的长相太东南亚化，可是当他与他的中国同事走在一起时，也经常被选为咨询的对象，可见我的长相不是根本原因）。

我以为这个奇怪的现象在我们离开中国后会跟着一起消失，哪知在清迈的JJ Market又再度发生。

"Could you please take a photo for us？"一位中国人拦住老公问，背后站着的应该是他的家人。

我在风中凌乱，Excuse me，你看不到我吗？与白皮肤的老外比，难道我不更像是同胞？

果不其然，被赶鸭子上架的老公拍完照就想快快走人，结果又被要求拍第二张。我心想若是换成我，肯定主动拍第二张（以防第一张拍坏了），顺便还会提醒后排右二的女人把歪了的帽子扶正。

事后我将此事发在家族群里，得到一双儿女的共鸣，原来当年在中国时，上述之事皆曾发生在他们身上，他们也很纳闷。

看来这个"谜团"不止我一个人有，我把它归到待解档案中，希望有朝一日能得到合理的解答。

33、泰国的物价低吗？

2015年，我和朋友开启泰国游，当时的物价是真的便宜，加上1比5.5的汇率，总感觉身上的钱多得花不完，然而8年后，我已经说不出"低消费"的话来，拿芭提雅举例，物价直逼国内一线城市，更别提首都曼谷了，跟上海有一拼。

几个月前，我曾在网上看到这样的言论——居住在美英澳加新的外国人未必是有钱人，但居住在泰国的外国人一定是，因为那些挤破头到先进国家的人多半奔着找工作去，而在泰国，除非自己开公司或当中介，否则工作难找（多半没有），由此可证是有钱人。

以上言论其实半对半错，泰国的工作难找是事实，但居住在泰国的非富外国人（陪读家庭和养老族）居多也是事实。这不禁令人好奇，倘若没有强大的经济背景，要如何在异国做到不"坐吃山空"？

拿我本人做例子，当我和老公居住在上海时，每月的支出（无任何贷款，也不用付房租）约在人民币一万元；现在我们搬到芭提雅，每月的支出（依然无任何贷款，也不用付房租）约在人民币九千元。虽然只是一千元的差距，但前者每月有固定工资，后者却没有，那么我们又是如何解决"只出不进"的问题？

真相只有一个，那就是我和老公目前皆是数字游民，虽然收入不稳定，但有总比没有好，而我认识的人也多半靠着一根网线走天下（再不济，还能拍视频赚流量），真的一毛钱都没进账，靠着以前的存款就能在泰国安然躺平的估计很少，即使有，也是短期的。

回到主题，泰国的物价低吗？与国内的一线城市比，我认为除了房价、房租、五星级酒店房费、饮料、甜品还能占点儿"便宜"外，几乎不相上下，水电费尤贵。

也许有人会说吃路边摊贵不到哪里去，问题是能天天吃路边摊吗？纵使能，那也得跟全天下的路边摊比，如果真铁了心非路边摊不吃，那么国内也能十块钱搞定一餐，也就是说没有可比性。

也许有人又会说泰国的穷人怎么办？如果物价真那么高，他们岂非死路一条？有此疑问者恐怕不知道真正的泰国穷人是怎么过的，我就曾看到光天化日之下，有人就着铁桶内的储水洗澡，至于怎么洗？男人穿着四角平裤洗，女人则从腋下裹条长布洗。当然，泰国的穷人也并非完全没有进账（最起码还能捡空瓶子换钱），加上公立医院看病只要30泰铢，真饿到不行，还有寺庙管饭，意即想要在泰国饿死或病死（非老死），还真有难度，但试问这样的生活又有多少人能忍受？

综合以上，如果冲着泰国消费低，想来此度过余生者，可以趁早打消主意，因为泰国物价真的不便宜，那些没把握在国内一线城市存活下来的人，来泰国一样被碾压，甚至更惨。

34、别人的泰国养老生活

某天,我在国内的某个社交平台上看到某人拍视频呈现自己的在泰养老生活,立马关注起来,因为我想看看别人的泰国养老生活和自己的有何不同,结果有些小失望,因为接连看了几集,皆换汤不换药,好比一天的序幕往往从打扫庭院、照顾花草开始,然后在小区内散步。散步完,回家吃点儿东西,接着在餐桌前说点儿人生感悟,完结。

这样的生活对一向劳劳碌碌的人而言,也许是一种幸福,但对于已经宅在家里宅出经验的我来说,不啻是一种折磨,我甚至能预言此人离抑郁不远了(果不其然,在某次视频中,她说出一些负面情绪的话来)。

曾有人做过实验,把一群老鼠养在一个封闭的空间里,提供充足的食物和饮水,简言之，它们无需为了生存奔波劳累。经观察，老鼠一开始还活力四射，生育率也有所提升，但时间一长，老鼠变得不爱社交，生育率也大幅降低，最后竟一只都不剩，全灭绝了。

如果我说人生最佳的状态是三分苦七分甜，也许有人会持不同的意见——十分甜不好吗？富可敌国不香吗？为所欲为不痛快吗？

抱歉，还真的不好、不香、不痛快。

举个例子，如果忙碌了一个礼拜，逢休假是不是特轻松？反过来说，倘若每天都能睡到自然醒，刚开始还舒服，接下来就难受了（参考学生时期的寒暑假放假经验）。

放在金钱上也一样，我认为有"刚刚好"的钱比拥有金山银山还美满，因为后者还得时时提防有人觊觎，不若前者心安神泰。

好吧！我承认与其大起大落，我宁愿人生只有小波折（无波折是不可能的，即使有，最后也会变成"生命无法承受之轻"，参考方才的"老鼠实验"）。也就是说，我的言论会趋于保守，若想从我这里得到无限向上的动力，估计会失望。

谈完别人（正确地说应该是某个人）的养老生活，现在谈谈我的。一天的序幕往往从遛狗开始，接着写作和做家务，中午时间外食和购物，回来后睡个午觉，醒来吃点儿水果或小食，接着又是写作。等被家里的狗烦到不行时，又外出遛狗，遛狗完毕洗个澡，然后准备晚饭，吃完上床刷手机，直到睡意来袭………

貌似我的养老生活也很单一，但无不无聊取决于当天我的写作状态是否良好，如果是，那便是内心充实的一天；如果不是，那便是备受煎熬的一天。

听不懂？好，且听我道来……

心理学上有个名词叫"情感抽离"，这是一种保护机制，指的是当外界有危险时，人会从现实中抽离出来，借以避开正面冲击。

当我第一次读到这个心理名词时，有种被当头一棒的感觉，因为我有此心理表现很久了，经常游走在现实与不现实之间（为什么要情感抽离？还不是因为这个世界不总是美好，当超过自己能承受的程度时，我就到另一个世界躲一躲）。若问好处，那就是暂时的抽离能让自己的情绪沉淀下来，避免做出极端行为，同时有助写作；坏处当然也会有，譬如不太能融入团体，或者对突发状况的反应慢半拍。

总而言之，我目前的养老状态是围着写作打转，并且大多时候呈现充实且愉快的状态，这大概就是我和别人的养老生活最大的不同之处吧？！

（注：在此多嘴说几句，如果您对生活失去了热情与希望，不妨试试"情感抽离"，表现在具体上，写作便是其中一项，虽不保证能让您起死回生，但起码能让您离抑郁远一点儿。）

35、上帝已死?

小时候的教科书上写着国父孙中山先生年轻时曾折断佛手,借以告诉乡亲们别迷信,因为神像都保护不了自己,何况保护人?

我记得当时的老师借文告诫我们要相信科学,而生活上我也曾见过虔诚拜佛的人,私底下却一点儿爱心也没有,对晚辈总是指来喝去,所以对佛教产生了抵触心理。

长大后,我又接触到基督教,可惜圣经记载的事情太过魔幻(好比摩西分开红海以及耶稣用五个面包、两条鱼喂饱5000人等),怎么也无法让我信服,最后只能说拜拜。

移民到新西兰后,我发现那里的华人很乐衷拉人信教,包括佛教、基督教、还有小众的一贯道(这个宗教虽有争议,但我接触过的

"道友"皆很正常，而且学历普遍都很高）。无奈那时候的我非常较真，太过玄乎的东西都会被我Pass掉，所以一直以来，我皆以"无神论"自居。

事情的转折发生在2022年末，我无意间刷到一些神秘学上的东西，眼前一亮，加上大数据搜索到我对这方面感兴趣，不断地给我推送相关信息，一番轰炸下，我仿佛被打通任督二脉，对"上帝"也有了不一样的见解，

要想接受这位宇宙的最高主宰者，首先得接受有超能力的存在（这也是一开始我无法接受任何宗教的原因，因为我不相信此能力的存在）。跨过那道门槛后，以前所有感到迷茫的部分，顷刻间都有了答案，而我对宇宙主宰者的认知也从具体的某神（通常具备人的形体）上升到抽象的超强意识……

如今的我已从无神论者变成有神论者，所以上帝是否已死，我的答案显而易见——祂仍真实地存在着，并且每天都在显神迹（天哪！真不敢相信这是我会说的话，以前的我对这种言论嗤之以鼻）。

人生兜兜转转一大圈后，我终于找到我的上帝，您呢？找到了没？

36、黑犬

英国前首相丘吉尔有句名言:"我心中的抑郁就像一只黑犬,一有机会就咬住我不放。"

落到现实生活中,也有一只黑犬咬住我不放,只是它不是抑郁的代名词,而是一只真正的黑犬(小黑),就住在离我家不远的二巷中。

我曾说过山上二巷是小黄和小黑的地盘(小黄还好,不若小黑的地域意识那么强),虽已划清界限,但有时小黑还是会越界来到三巷,大概察觉到我的恐惧,一见到我就穷追不舍且龇牙咧嘴,好不吓人。

有一天,我正与一位俄罗斯老人交谈(彼此的两只狗也在嗅来嗅去),没注意到小黑已悄然来到我们身边，并以迅雷不及掩耳的速度开启霸凌模式。我被吓到心脏差点儿骤停，结果方才还斯斯文文说话的老人却幡然变脸，对着恶犬就是一阵猛批（说的当然是俄语），把我惊得下巴差点儿掉下来。

接下来的一幕让我终生难忘——平常嚣张跋扈的小黑像只丧家犬似地夹着尾巴走开。

我的心中无限感慨，原来恶犬还得恶人治。

后来的日子里，我仍小心翼翼地遛狗，深怕踩到小黑的地盘，惹得"大哥"不高兴，然而人算不如狗算，这一天，当我遛狗遛到三巷尾，不巧与二巷尾的小黑打上照面。通常的情况是只要我不再越雷池一步，它便放我和我家的狗一条生路，结果那天不知怎么回事，小黑一见我如同看到仇家，立即飞奔过来，我马上做出反射动作，拉起狗便往回跑（如果有录相，我家的狗此时应该呈现"空中飞狗"的姿势），但人哪跑得过肌肉发达的野狗？就在小黑即将Catch到我时，也不知哪来的勇气，我转身大喝"No"，声音之大，连自己都吓一跳。

小黑愣住了，不敢相信今日的我竟然吃了熊心豹子胆；我则乘胜追击，趁它凌乱之际，再次大喝一声No，同时露出狰狞的面孔。

无声对峙几秒钟后，小黑后退一步，接着再后退，最后转身走了。

我卸下凶恶的面具，同时有大哭一场的冲动，原来……原来克服心魔是这种感觉。

接下来的日子里，小黑和小黄皆不再追逐我和我家的狗子（小黑吃了我两吼，这个可以理解，但小黄是怎么回事？莫非小黑回去后向小黄说嘴了？），我甚至能在它们的眼皮底下安然自若地遛狗，完全不用担心自己的人身安全和家犬的狗身安全。

从此，那只名叫"恐惧"的黑犬不再咬住我不放，实乃幸事一件，快哉！

37、异乡人

《异乡人》（又译为《局外人》）乃阿尔贝·加缪的一部长篇小说，于1942年出版。故事从莫梭收到母亲的死讯说起，在葬礼上，他并未流露出悲伤之情，尔后仍过着我行我素的生活。没多久，他涉入朋友的私事，并开枪打死一名阿拉伯人。面对审判，莫梭仍像个局外人，法官遂以被告对母亲之死无动于衷且态度过于冷漠为由，判处他死刑。在等待行刑期间，莫梭忽然情绪爆发，同时表达对社会道德的不满与愤怒……

记得第一次读《异乡人》是在我的大学时期，还是因为三毛的缘故（写《撒哈拉的故事》的那一位，不是《三毛流浪记》里的三毛）。她在某篇文章中提到《异乡人》这本书，并且说自己像个"异乡人"，于是我把书找来读，读完后的感觉是——原来不止我一人觉得与这个世界格格不入。

中国有句俗话——三岁看大，七岁看老。意思是在小孩三岁时，可看出其长大后的心理、性格等；在孩子七岁时，则可看出一生的发展状况。在我看来，三岁能看出长大后的心理、性格，应该没有什么争议，好比打小我就是个胆小且敏感的人，到现在也没改变多少，但"能看出一生的发展状况"却未必，因为这取决于所处的环境。

拿我本人举例，小时候我曾跟随邻居的哥哥姐姐们一同外出游玩，经过一户人家，他们爬墙进去偷摘水果，被发现后，全逃之夭夭，只有我像看戏一样，安然地留在现场，结果当然被抓个正着。后来的发展在我看来很没道理，首先，屋主明明看到小偷的长相，却让不是小偷的我承担小偷的罪名；其次，我的父母虽然相信我没那个胆量偷窃，但表现出来的却不是替我申冤，而是责怪我为什么不跑？简直愚蠢至极！

（注：如果我的父母当时懂得替我据理力争，而不是责备我为什么不同流合污，我就不会陷入自我怀疑中。）

第二个例子发生在我祖母的葬礼上，我和祖母几乎没什么感情，她不喜欢木讷的我，我也不会主动讨她欢心，所以她的死，我顶多做到"表情严肃"，连眼泪都掉不下来，可是台湾的葬礼就是这么奇怪，不哭还不行，而且还是集中一起哭（葬仪社的人把家属带到一个指定地点跪下，接着一声令下，全体一起哭出来）。

我低下头去，努力想挤出眼泪来，可惜无果，再看看身边人，一个个哭得撕心裂肺，我感觉好滑稽、好不真实。

"好了，现在可以站起来了。"葬仪社的人宣布。

听到仪式结束，大家陆续从地上爬起，大人们随即七嘴八舌地交谈起来，说到兴起时，笑得后牙根都看得见，很难想象这些人几分钟前还哭得呼天喊地。

我尝想如果这些事情发生在我的葬礼上，我宁愿不要有葬礼，因为太虚伪也太可笑了。

（注：如果我参加的是欧美的葬礼，绝不会有集体嚎哭的现象发生，事实上，在那个场合哭得稀里哗啦反被视为异类。）

瞧！我就是生长在这种是非对错常让我感到迷惑的环境中，也难怪我会怀疑自己是不是"异乡人"？问题是我还无力改变现状，这才是最伤的。想到以后的人生都要这么过，简直比死还难受。

随着年龄增长，我渐渐觉悟到没有一种个性是完美的，但绝对都能找到包容的港湾，所以该做的不是试图去改变环境，而是回到属于自己的环境。也就是说，当您觉得无人能理解，四周围都充满恶意时，立即转换环境才是明智之举（讲得直白点儿，您一只鸭跑到鸡群里干嘛？还是回到鸭群里去吧！）。

再举个例子，某天，我到一个朋友家做客，她向我展示她家后院里的花花草草。

"这盆花长得真好。"我指着地上一盆怒放的花卉说。

"它原本快死了，"朋友答，"试过各种方法都无效，想着挪个位置试试，没想到还真管用。"

"是吗？这花上辈子烧高香。"

"不，不光这盆，我院子里的花草都一样，只要快蔫了，我一挪位置就救回来了。"

这个说法让我联想到"逐臭之夫"一词的典故由来，话说有个人身上奇臭无比，他的亲戚、兄弟、妻妾等，皆无法与他住在一起。此人很苦闷，于是住到海上去，没想到海上有人喜欢他这种臭味，日夜跟随他，不肯离去。

感受到了没？有时不见得是您本身的问题，而是恰好处在不对的环境中，以致终日过着如坐针毡、生不如死的生活。

既然深知环境的重要性，养老地我当然得慎重考虑，所以当朋友问起我为什么选择到泰国养老时，我的答案当然与环境脱不了关系。再讲得通透点儿，那就是泰国的磁场与我的磁场对上了（这个很重要，只有在对的地方与对的人在一起，人才不会蔫了）。

您也有"异乡人"的感觉吗？如果有，不妨换个环境试试，这总比站在原地继续精神内耗，并且日益萎靡要好，您说是吗？

38、看海

泰国是个临海国家,看得到海并不稀奇,比较稀奇的是连不临海的城市也看得到海,那就奇了怪,且听我道来。

每年6月～10月是泰国的雨季,当雨季来临时,全国普遍下暴雨(伴随电闪雷鸣),所以淹大水是常有的事,连泰国人都自嘲又可"看海"了。也难怪当我关注的博主上传一段她家淹水的画面时,这栋位于曼谷的三层楼别墅(一度是我的梦中情屋)立即变得不香了,试问有谁会想在大水退去后,整理那一屋子的泥泞?

几天前,我刷新闻时意外得知芭提雅又淹水了,不仅海滩的沙子被冲掉七七八八(得连夜运来沙包),我还看到有人涉水而过的照片,水深及胸。

"这是芭提雅吗？"我把照片拿给老公看，"会不会是假新闻？"

"我们住山上，山上没积水不代表山下也没积水。"他摇了摇头，"挖的什么路？花了那么多的时间、精力与金钱，结果还是一样。"

是这样的，自从我们二月份来芭提雅养老，路上的施工就没断过，这边挖完，挖那边，严重影响路上交通。挖的什么？据说是为了埋排水用的管子，因为每到雨季，芭提雅就淹大水。然而如此大张旗鼓地未雨绸缪，换来的却是啪啪啪打脸，怎不令人感慨？

吐槽归吐槽，除了过一把嘴瘾外，对实况一点儿助益也没有，不过这场对话所提到的山上和山下差异倒是唤起我的记忆。话说2004年发生南亚大海啸，泰国也是受灾区，由于当天正值圣诞节连假，游客很多，当海啸来袭时，人们纷纷往高处躲，但罹难人数和失踪人数还是达到惊人的30万人……

为什么提这个？因为当时我们也曾"到此一游"，只是时间早了一、两天，完美避开厄运。

结果回家后的隔两天就发生了惊悚之事——有两个人在我家门前探头探脑，并且试图从窗户往内看（我家的玻璃是单向的，从外面看不见里面，但里面却能将外面看得一清二楚）。

我把老公喊来，他一看，发现是公司雇员，于是开门打招呼。

待老公进屋后，我问怎么回事？

"南亚发生海啸，Lola听说我们到泰国玩，所以拉她老公过来看看我们是否无恙。"

"没那么简单吧？！"

"要不然呢？"

首先，Lola怎么知道我家的地址？如果两家走得近也就罢了，问题是没有，她如此"热心"，竟然牺牲假期跑这么一段路，还拉来自己的老公，我的合理推测是她想鸠占鹊巢。

听完分析，老公哈哈大笑，同时说我想多了。

"那么回答我，如果你知道老板圣诞假期去了灾区，你会到他家一探究竟还是等到上班日再说？"我问。

"等到上班日。"他答。

"依据你对Lola的了解，她像是会关心老板安危的人吗？"

老公没回答，但脸色明显不对了。

也许有人会说，如果真遇上灾难，国家一查，关系链一目了然，哪还会有鸠占鹊巢的事情发生？

有此疑问者，乃以中国逻辑来想他国事务，在澳大利亚，老板没了，公司会有一个清算过程，但不会找到家里去，除非家属发现屋主易人了，估计好几年都觉察不到，邻居就更别说了，通常的情况下都是自扫门前雪。换言之，只要鸠有一张三寸不烂之舌，能唬得住人，这巢基本占定了。

写到这里，我赫然发现上述猜想（员工趁天灾侵占老板的房产）是个很好的写作素材，是该将它写成悬疑小说还是恐怖小说？让我好好琢磨一下。

39、住大房子还是小房子？

有一天，我因事耽搁，出门遛狗时已夜幕低垂，在昏黄的灯光下，我依稀能分辨前方约20米处有个女人牵着一条狗，至于什么狗，完全看不出来，只得一团深色的模糊影子（哎！我那该死的老花眼加近视）。

大概察觉到我的凝视，女人对我说："Hi, how are you？"

我没料到她会问我好不好（在此情况下，通常会道Good evening），所以慢了半拍才答："Fine, thank you."

接着女人牵狗过来，让两只狗做做社交活动，而我们也交换一些基本信息，包括彼此来自哪个国家？狗几岁了？来芭提雅多久了？房子是租的还是买的？

当我听说她原先租房住，逢房东要卖房，遂买下时，立即来了兴趣，追问成交价是多少？为什么卖得这么便宜？妳是外籍，怎么可以买泰国人名额的房？用公司的名义买？那么每年的持有成本是多少？既然是中介帮着设立公司，肯定收费，费用多吗？

大概话题皆围着钱打转，这名俄罗斯女郎开始心生警惕，没回答最后一道题便表示自己该回家了。

那氛围瞬间尴尬到了极点，但我仍保留风度地与她Say Goodbye；她大概也察觉到自己的"无礼"，走没几步又回头问我知不知道每个星期二和星期五的晚上七点，楼顶都会开桑拿派对？

怕自己听错，我又确认了一遍，真的是桑拿派对。

我回答不知道，因为我不会游泳，所以从不上楼顶（那里有游泳池、健身房和桑拿房），当然也就不晓得有派对，也许下一次再参加吧？！

当我答完"Maybe next time"时，我才意识到自己又用台湾的委婉方式结束谈话（明明99%不会去，又留了个尾巴，只为了让对方感觉舒服）。

待俄罗斯女人和她的狗离开后,我做了深刻的检讨——中国有句话"交浅言深",我偏偏犯了此大忌,也难怪对方会如坐针毡。

换作从前,我大概又会陷入"自我批评"的漩涡里,总要好几天才能走出来,但现在的我不会了,而是以更积极的心态去面对,好比承认自己这次失言了,但谁又能保证自己从不说错话?只要下次小心点儿就是。

至于我为什么抓住房子的问题不放,以致让对方感到不舒服?还不是为了以后的买房或卖房做准备,同时也想顺便了解一下自己几年前的投资是否合算?

记得刚卖掉国内房产,携"巨款"来泰国养老的那会儿,我和老公每天都兴致勃勃地四处看房,因为所住的开间太小,起码也得买个两居公寓或大别墅才行,然而随着时间的推进,我渐渐变得理智起来,自问该住小房子(然后把钱花在其他方面,好比旅游)还是住大房子(不能经常旅游,同时日常开销也得小心计算)?

由于一时下不了决定,我们索性先将钱存定期,然后且行且思量。这一思量,还真发现了问题,首先,我和老公都已步入中老年,什么时候被上帝召唤都说不定,留下来的那一个有必要住"两居"公寓吗?多出来的空间是可以不使用,但不能不付物业费,在只出不进的情况下（人老了，肯定越来越做不动，即使数字游民也一样），继续为不使用的面积支付物业费是否值得？其次，如果住进郊外别墅区，物业费和水电费的单价虽然低一些，但交通不便，"小动物"也多（譬如蜘蛛、壁虎、青蛙、蚊虫……等，我可没把握都能忍受），如果老伴再一走，自己守着空荡荡的屋子，要说多冷清便有多冷清，就别提夜晚降临了，一方面要防人（宵小入侵），另一方面还要防鬼（多半是自己想象出来的），岂非活受罪？

后来的后来，我和老公都渐渐接受在28平米（实际面积，无公摊）的小小空间里生活，他若上厨房，我便自觉坐在沙发上；我若使用餐桌，他便主动躺回床上去，彼此皆小心翼翼地保持至少一米的安全距离（睡觉就没办法了，毕竟只有一张双人床），以防谁碍了谁，惹来一顿牢骚。

若问住小房子的好处，除了物业费和水电费能少交点儿外，首推"易打扫"和"提高了消费能力"。"易打扫"很容易理解，因为即使每天打扫卫生，也只需十几分钟，而少了购买第二套房的支出与维护成本，我们的钱包鼓了起来，相对也"提高了消费能力"，譬如上餐厅吃饭，那跟家里的食堂没两样，我甚至都产生不了兴奋之情。还有还有，任何时候想到外地旅游，随时都能出发；想买什么，也多半无需考虑就能拥有，简直太美了！

当然，我的两难只因我不够富有（只有穷人才做选择，富人什么都要，既能住上大房子，还能不间断地买买买）。如果哪天我也能达到富人的境地，这篇的篇名就不会是"住大房子还是小房子"这样的小格局，而是"如何在马尔代夫包下一座海岛"或"浅谈SpaceX的私人太空旅行"这样的大宏观，您说是吗？一笑！

40、明珠蒙尘

几天前我刷公众号，意外发现一个有点儿熟又不太熟的名字A，看到留言板上写着："怎么不写作，改卖货了？"，我赫然记起这个人是谁来着。

第一次读A的文章大概在三、四年前，她的文笔流畅且极具个人风格，算是成熟型的作者。以后又陆陆续续读到她的几篇文章，都相当不错，我记得其中有一篇谈到她为了克服内向寡言的缺点，刻意参加聚会且争取发言，后来意识到做自己才是最舒服的状态，所以决定不再勉强自己成为社牛。然而几年过后，A却在"消失"的这段时间里干了大事，好比组织团队拍短视频，如今又直播卖货，看着照片中身着白衣黑裤，戴着黑框眼镜的干练型职场女性，实在很难与我脑海中的

"内向寡言"连上号,我该称她为励志姐还是折腰姐(为五斗米而折腰)?

别误会,我不是生活在象牙塔里的人,相反的,我会奉劝那些想辞职,以便专心写作的人三思,因为这条路非常、非常长,不是短时间内能看得到成绩,但人总得吃饭,所以除非家里的米缸长期有米,否则还是边工作边写作比较保险。

针对A,她想先解决温饱问题,完全OK,我只是有些许感慨——明明是个写作人,却无法写作(或只能花极少的时间写作),而且干的工作还与自己的个性相悖,这实在挺讽刺的。

也许有人会说个性可以改啊!抱歉,个性是改不了的,因为那是基因的一部分,如果内向真的变成外向,那也只是戴上一张面具而已,至于有没有人能戴一辈子的面具?这就不好说了。

基于以上,我预言不管A的"新工作"是否成功,她最后还是会回到那个原来的自己,所以我的感慨也只是暂时的,该什么还是什么,谁让这个世界就是这么疯狂(非得让人干不想干的事情)且难以言喻(兜兜转转后,又回到原点)。

41、CARELESS

我大学时修的科系，一个年级有三班（甲班、乙班、丙班）。有一天，我和室友谈起这三班，一致认为甲班最混，乙班正常，丙班最合群。

那个被评为最混的甲班正是我属的班级，但我一点儿也不生气，因为的确混得不像话，好比每周一次的升旗典礼，唱完国歌才姗姗来迟者，多是我班学生，以致连导师都发话让我们给他留点儿面子。还有还有，但凡举办活动或比赛，我们班就从来没有一次全员到齐过，勉强上阵的，还有那么点儿老弱残兵的样子，所以当某天学校宣布甲班获得某某荣誉，赠予锦旗一面时，我们皆表示搞错了，但怀疑归怀疑，锦旗还是被挂在教室内（相较于其他班级的锦旗无数，这面唯一的荣誉显得那么的孤寂）。某天，有人发现这面硕果仅存的锦旗竟然不见了，然而换来的却是"不见就不见了"的反馈，那口气像是甩掉了什么包袱，毕竟没经过努力得来的，失去了也不足惜。

为什么提这个？因为三十多年后，我忽然又有重回甲班的感觉，且听我道来。

我在芭提雅买了个公寓，前不久整栋楼终于完全售罄，开发商遂决定年底前将公司注销掉（为什么要注销？玩的正是金蝉脱壳，懂的自然懂），于是通知还没办理过户的业主抓紧时间办理，这包括我的朋友G与M（奇怪的是只有G收到邮件，M没有，还是我多嘴转告的，这证明开发商的操作也挺不走心的）。

当G飞到芭提雅办理过户手续，并且顺利拿到房产证时，兴奋之情却被一盆冷水给浇熄了。

"太夸张了！"G向我吐槽，"房产证上的护照号竟然会写错，看来这次开不了银行账户，毕竟更改还得好几天。"

"不一定喔！"我答，"我老公申请居住证明时，人名拼错了，被我们当场指出后，不到十分钟就改过来了。还有，我的签证是单次出入境，他们给成多次，也是当场就更改过来。"

后来G按照我说的做，一个小时后就拿到正确的房产证，可是问题来了，上面写的是泰文，怎么确认就是自己的？

我记得当时我也曾有过同样的疑问，结果工作人员随机抓住一名泰国人，请她读出上面的人名。我一听，虽是泰式发音，但的确跟自己的名字很相像，于是接受了，

如今G问起，我总不能让她在大马路上随便抓个人念房产证上的名字吧？！何况我还有更直接有效的方法。

"妳不是明天上银行开户吗？"我对G说，"开户需要看房产证，如果房产证不是妳的，肯定办不了，如此一来不就清楚了？"

话一答完，我的心又打起鼓来，因为没把握银行真的会仔细核实，毕竟不靠谱的事做多了，实在难以产生信任感。

"B杜，妳说像房产证这么重要的东西，怎么可能出错呢？"G问我。

"妳若在泰国待久一点儿就知道了，这不是个例。"我答。

后来我们又谈了点儿别的，结果兜兜转转后，G又旧话重提，看来她对"房产证填错护照号"一事耿耿于怀。

其实说来说去就是Careless在做怪，但凡一连串的数字或英文字母，好比护照号、电话号码、姓名拼音等，泰国人往往一眼就过，不会再做二次确认，而就我的观察，他们好像也不认为出错有什么大不了的，改过来就是。

讲到Careless这个单词，翻译成中文有"不小心的、粗心的、马马虎虎"之意，同时也可表"不担忧的、轻松自在的、无忧无虑的"。我认为拿Careless这个词来形容泰国人，再恰当不过，因为他们大多大大咧咧且笑口常开，至于是先有马马虎虎，所以才轻松自在，还是先轻松自在，所以才马马虎虎，这就不得而知了。不过不管哪个，我觉得结果都挺符合常理，试想一个锱铢必较的人轻松得起来吗？如果答案是No，那么一个轻松自在的人同时也丢三落四，这不挺正常的？

泰国的Careless还表现在装修上，倒不是说他们偷工减料（若有，也是无心之过，跟刻意为之有本质上的区别），而是不能相信他们所说的工期。如果工人说三个月，那么就要有五个月收房的心理准备，而且千万、千万不能催，一催，人跑了，自己又得重新找人，而找来的人同样不能催。

（注：这不是我的亲身经历，而是朋友花钱买来的教训。）

我后来发现自己之所以喜欢泰国，好像也与他们的Careless 脱不了干系（就好比当年被分配到甲班，心里多少有中大奖的感觉），因为骨子里的懒散能够彻底释放出来，不用担心被指责或当成异类。换言之，如果您是个凡事较真且积极向上的人，来泰国可能会不开心，毕竟这里向来就不是奋斗的战场（尤其针对来泰的外国人），而是懈怠的乐园。

42、缺爱的颜色

记得新生入学（大学）的第一天，我在甲班的名单上找到自己的名字，兴冲冲地去排队。排在我前面的是一位长发女生，不一会儿，她转过头来对我说话，我眼前一亮，这不是爱情小说中的女主角吗？于是冲口而出："妳好漂亮啊！"。

哪知她一听，立即臭脸，同时转过身去，留我一人在风中凌乱。

后来我才了解到我们的"班花"最讨厌别人说她美，我的马屁（虽然我是真心实意的）算是拍在马腿上，当中的道理其实也不难理解，这就好比有钱人最恨别人只是惦上他的钱一样。

除了这个"臭毛病"（天哪！我也好想有这个"臭毛病"），我们的班花还非常反骨，虽不致于在言语上针锋相对，但行动上绝对剑及履及。

"那个穿橘色的，"我们的美术老师指向班花，"妳来说说这幅画是哪个时期的画风？"

待班花回答完毕，老师对大家说："橘色是缺爱的颜色，如果你们看到穿橘色衣服的人，代表这个人正在发出求爱信号。"

话甫歇，班上男生嘿嘿嘿地笑，那气氛暧昧极了。

（注：这位美术老师的脾气阴晴不定，而且经常不分场合地随意说话，我们早见怪不怪。）

既然公开被针对，女生的正常反应大多是从此不穿或少穿橘色衣服，以免又被拿来当谈资的内容，但我们的班花愣是不一般，打从那件事发生后，只要上美术课，她一律橘衣上阵。事实证明我们的美术老师是欺善怕恶型，见欺负不了，只能选择性失明。

三十年后，我倒不是又见到班花，而是看到芭提雅山上有几大片"缺爱"的颜色，在阳光的照耀下，显得格外刺眼。

"这房卖得好呀！"中介说，"光这座山就有好几个项目是同一个开发商的，可见很有实力，而且妳买下后马上就能收租，每年有6％的收益，只有大公司才敢做这样的保证喔！"

"可是颜色我不喜欢。"我答。

"橘色很好呀！让人的精神为之一振。"

中介仍试图说服我，但我已打退堂鼓，因为我是真不喜欢橘色（跟有没有缺爱无关），中介口中的精神振奋，在我这里反倒成了压力山大，我宁愿把房子全刷成白色，也胜过这个可怕的颜色。再说，这房没有厨房，可见是为了短租做打算，并不适合拿来自住；还有还有，虽然提供包租，但房价比附近的楼盘高出1/3，有点儿"羊毛出在羊身上"那味儿。

最终，我还是买了别的楼盘，也多亏有了这套房，我和老公在疫情肆虐期间才有了逃遁的去处，这是后话。我想说的是这几大片"缺爱"的楼房后来没能逃过疫情的冲击，不仅开发商宣布破产，连带物业也跑了，原本还挺热闹的小区，一下子人去楼空，真是不胜唏嘘！

"虽然开发商倒闭了,但业主可以接手呀!好比雇用一家物业管理公司,那也胜过目前的空屋状态。"我喃喃道。

"实际情况可能比妳想的复杂,也许开发商还把房子拿去做抵押,债权人可不会允许任何人动了他的'蛋糕'。"老公停顿了一下,"其实我比较关心的是那栋城堡会不会推倒重建?实在太丑了!"

没错,开发商还在山上盖了一栋城堡式公寓,虽然没涂上令人惊心动魄的橘色,但火山泥的颜色也好不到哪里去。

有句话"缺爱的人都跟钱过不去",此时的我忽然想起当年美术老师说过的话(橘色是缺爱的颜色),对照当下,还真有点儿"歪打正着"的意味呢!

43、不留最后一个铜板

在我的拙著《B杜极短篇故事集（1～100）》中的第71篇故事里写道：洪氏夫妻在中国城开了一家港式茶餐厅，有位老人经常光顾。也不知怎的，这对夫妻对这位老人上了心，不仅关怀备至，有时甚至把店一关，就为了带老人四处旅游。最后，老人临死前把自己那丰厚的遗产全送给了这对夫妻……

读者可能以为故事是瞎编的，其实不然，这是发生在澳大利亚的真人真事，只不过被我略加改编了一下。

这一天，我问老公如果他临死前发现身边没有任何亲人和朋友，财产会做何处置？

"捐出去。"他答。

"会不会送给临死前对你最好的人？"

"看好到什么程度。"

于是我把方才的故事说给他听,同时强调是真人真事。

"可能……会吧?!"

"为什么?换成是我,我会怀疑那对夫妻的动机,也许他们早知道外表朴素的老人其实很有钱,所以才下了个赌注。"

"这有差别吗?"老公反问,"老人临死前得到了关爱,不是吗?这总比把钱送给不相干的人要好。"

我被当头一棒,是呀!捐钱给教会或公益团体只是付出,自己其实并没有获得"实质"的东西;反观这位老人,在风烛残年里毕竟得到友谊和陪伴(甭管虚心假意还是真心实意)。从这点看,老人也不算太亏。

香港富豪李嘉诚曾说过"不赚最后一个铜板",一般人大概无此苦恼,不过当面临人生的最后一程,富人或穷人的反应倒挺一致的,那就是——不留最后一个铜板(哪怕无后人继承,怎么也得把钱送出去,免得便宜了银行)。

回到方才的故事,我认为那位澳大利亚老人也有"不留最后一个铜板"的信念,否则大可两眼一闭,啥事不管,爱咋咋地。

这件事让我忆起新西兰的母子房（在土地上盖一大一小的两栋房，小房给上了年纪的父母住），为什么会有此类房子？这和传统的想法（洋人皆不照顾父母）好像背道而驰；如果我再告诉您，有部分新西兰的年轻人热衷于担任照顾老年人的义工，您联想到什么？在我看来，虽然不能武断地说全因"不留最后一个铜板"而起，但也不排除有此可能性。

您会留下最后一个铜板吗？反正我是不会。

44、宅炎炎

记得第一次到泰国玩是在二、三十年前,当时曼谷的交通就已经堵到不行,以致于出租车司机都会未雨绸缪地先在副驾驶座上搁上好几份报纸(这还不算太夸张,有的甚至会摆放手工编织材料),一旦又堵上,随时都能把时间利用起来。

哪知二、三十年后,曼谷的交通依然不见改善,只不过从出租车横行变成了网约车大行其道。

"中国也这么堵吗?"网约车司机指着动弹不得的交通状况问。

"大城市也堵。"我诚实作答。

"那为什么中国人的个性还这么急?"

我一时懵了，反问这两者有必然的关系吗？

"我就随便说说，妳别在意。"他带着微笑，"我认为中国人的个性太急了，今天做不完就明天做，明天做不完就后天做，总有一天会做完的。"

去过泰国的人都知道，那里的人习惯"宅炎炎"（慢慢来），网约车司机有此言论并不奇怪。

"可是如此一来，老板就不高兴了。"我答。

"那就换个老板，天天工作不开心，人生还有什么意思？"

我一听，好家伙，原来高人在此，我实在有眼不识泰山。

中国有句古话"大智若愚"，意思是才智很高却不外露，看起来好像有些愚蠢。落到泰国人身上，我认为再恰当不过，别看他们一个个好似不太聪明的样子（好吧！我承认这种说法相当主观，而且也不适用所有人），但人家就是拥有大多数人可望而不可及的东西（快乐），还真不能不服。

其实一个国家在乎什么，从学生的反应就能看出。举个例子，国内的三好学生在同侪面前大概像神一样的存在，发展的结果便是人人热衷解题，养成一批又一批的精致利己主义者；反观泰国，最受欢迎的往往不是优等生，而是有副热心肠，人缘又好的学生。

看出其中的差别没？您说一个试图跑赢别人的人，心态上怎能不着急？而內卷的结果便是越来越內耗，连带笑容也越来越少……

（注：从个人的精神面貌来说，宅炎炎确实达到放松身心的效果，但从国家的发展角度看，宅炎炎恐怕一点儿也不友好。）

如今，我选择在泰国养老，可见我已经准备好接受宅炎炎，而这是我用前半生的马不停蹄换来的（说到底，是挣来的），与天生就拥有此体质的泰国人一比，终究差点儿意思！

45、运气

前几天我看了一个谈话性节目，讲的是运气，大概的意思是一个人能不能成功，首先得有高于平均值的能力（不需要高出太多），其次就看运气，如果能抓住每次迎来的好运气，离成功就不远了。对照过往，某些获奖的科学家或叱咤风云的行业大佬往往把自己的成功归于运气好，也许有人会说这是功成不居的表现，但有没有一种可能性，那就是他们的成功真的只是运气好。

我举个例子，《哈利波特》的作者J.K.罗琳是写作界名利双收的天花板，我相信没有人会反对吧？！她成名前的经历就不多说了，我想谈的是她成名后曾以"罗伯特·加尔布雷斯"的笔名出版了一本侦探小说《杜鹃的呼唤》，但反应惨淡，后来她承认自己正是该书作者，消息一经报导，销量直线上升，小说后来还改编成同名电视连续剧。

让我们把顺序弄反，如果J.K.罗琳先出版的是《杜鹃的呼唤》，少了《哈利波特》的加持，您认为这本书最后成为畅销书的机率有多高？

（注：依据我老公的评价，《杜鹃的呼唤》是一本佳作，但如果作者不是J.K.罗琳，他大概不会买来看。）

让我们再假设《哈利波特》早了十年或晚了十年出版，它依旧还会洛阳纸贵吗？

所以您说这当中有没有运气的成分在？而如果运气占了绝对的影响力，那么努力又有何用？

有关这个，我来谈谈另一个例子。一个月前，我曾收到一位作者的稿件，除了邮件主题写着某某人投稿，内容空白，附件虽有，但分成好几份，且不按照顺序排列。

我的第一反应是火冒三丈，投稿这么随意，还是头一回见到，于是我回邮，请她把所有稿件按照顺序放在同一个Word里，并且附上文章简介和作者介绍。

次日，她发来了，我也就将怒火压下，开始审稿，这一审让我陷入两难，因为文章不坏，但不符合市场需求，意思是大概率销量不会太好。通常在此情况下，我工作的出版社还是愿意给出机会，毕竟曲高和寡的作品还是要扶持一下，但联想到作者第一次投稿时的"毫无诚意"，我又犹豫了，因为小细节通常会给出一些隐藏的信息。

考虑再三，我还是回绝了。

把这件事拿出来论运气，可以说对方有没有出版的好运气全在我的一念之间（不说她能不能靠出版赚到钱，单纯只把出版当成一个目标），但这个功败垂成的结果，究其原因还是更早以前种下的因。

我们常说某某人的运气特别好，或者某某人的运气特别差，排除机率的因素，也许"做好迎接好运的万全准备"才是最后的东风，您认为呢？

46、雌雄莫辨

小时候，我曾看过一部奇怪的卡通影片《宝马王子》，单看片名，既然是王子，那肯定是男的，结果却出乎意料——《宝马王子》的外表是男的，但内心可男可女。

瞧！是不是毁三观？这种影片根本不适合小孩子观看，可是我们却看得津津有味，每到播放时间，必定守在电视机前。

虽然我看过如此奇葩的影片，但我对男生和女生的区别却不曾怀疑过，男生是男生，女生是女生，泾渭分明，因为"男女共用一个躯体"的人设很快便被我归为"骗小孩"系列中的一个（其他诸如人鱼公主、青蛙王子、无敌铁金刚……等，也是）。

开始感到迷惑还是我上初中那会儿,同年级中有个女生,外表偏中性,但说话举止都像个男的,她还特别会撩女生,也很享受被女孩们"众星拱月"的滋味,这是第一次我感觉到女性的躯体里也有可能装着男性的灵魂。

等我上了大学,一位外籍学生(亚洲人面孔)很快吸引我的目光,180公分的身高,平板的身材,声音低沉,脸孔有棱有角,特别英气。

"那个高个儿是男是女?"我问一起吃饭的同学。

"女的,好像来自印尼或菲律宾,有华人血统。"同学答。

"怎么看起来像个男的?"我又问。

"哈哈哈……"同学像得花枝乱颤,"尤其声音还特别像,不过个性上是个女的没错。"

我更加迷茫了,与我中学时代的"男性化"女生比,这个却是有着男人身体的女生。

后来我重考考到另一所大学,起初我并没有留意到这位特殊人士,要不是那天阳光太过明媚,草地上还铺了块野餐垫,几个人坐在上面嘻嘻哈哈,我是不会注意到其中一位是单眼熊猫(左眼处有个杯口大的黑色胎记)

，而且非常活跃，像是皇帝带着后妃们一块儿嬉戏。

后来我又在校园里见到几次"伊人"的踪影，她总穿着不同长度的宽口裤，脚上夹着人字拖，行色匆匆。

有一次，她喊住我，问："喂，妳哪一班？"

"一年……甲班。"我颤抖着声音答，那感觉像是忽然被皇帝翻了牌子。

"我是学长，下次见面要喊一声学长好。"她说。

"……嗯！"

打从那时候起，只要大老远见到她，我便绕路走，因为太五味杂陈了（脸上有胎记的人容易让人心生同情，但此人成功把同情化为诧异，真是了得）。

后来我听说有两位学姐为了争夺这位"学长"的宠爱而大打出手，真是惊掉下巴，还有这种玩法？

来泰国定居后，我的疑问并没有得到解答，反而更加迷茫，因为改变性别认同在这个国家很容易，正因为太容易了，难免让人起疑——这是认真的吗？

让我这么说吧！在泰国，只要某天认为自己不是身份证上的性别，行动上可以马上转换，旁人也不会大惊小怪。倘若"换性别"生活过一段时间后，发现搞错了，那就再更改过来，没什么大不了的（这也是我的迷茫之处，感觉像在过家家）。

当然，上述所言还未达到做变性手术的程度，充其量只是在"试探"，一旦上了手术台，理论上就比较严肃了。

这一天，我外出遛狗，忽闻身后有脚步声，于是转头过去，发现是一位变性ing中的小姐姐（胸部坚挺有弹性，但喉结相当明显）。后来"她"跨上一辆摩的扬长而去，我还因此看到此人的大腿内侧纹上了一个粉红色蝴蝶结……

之所以有如此怪异的现象（不男不女），乃因泰国人多半是月光族，存钱对他们来说很困难，所以像"变性手术"这样的大项目，只能分期做，什么时候存够钱就做其中的一项，时间跨度可长达数年。

由于泰国的人妖很出名，连带有人会把人妖和变性人混为一谈，其实两者有本质上的区别，前者的上半身是女性（长期服用含雌性激素药物的结果），下半身却保留男性生殖器；后者指的是已通过医学手段改变原本性器官的男人或女人。换言之，人妖并非出于自愿而变装，大多被生活所逼，也算是可怜人。

然而不管是人妖或变性人，他们皆被归为跨性别者（指性别认同或性别表现与出生时的指定性别不一致），但跨性别族群却不止这两类，包含的范围要更广些，按理说并不适合用"男女二元"来分类。

我本人对于弱势群体向来是比较支持和包容的，但《哈利波特》的作者J.K.罗琳最近因为发表对跨性别者的"不当"言论而遭到攻击，我却不认可，试想如果有男人声称自己是女人，不需要任何变性手术或荷尔蒙干预，就能出入女性的私密场所，这难道不会给广大女性带来风险和威胁（节录自J.K.罗琳的言论）？

话说几个月前的普吉岛之旅，我就曾亲眼目睹一个男生走进星巴克的女厕，吓得我马上止步，直到那个男的走出来，我才敢进去。

"那是一个长得像男生的女生。"听完我的抱怨，老公说。

"不不不，"我把头摇得像拨浪鼓，"百分百是个男的，给一百个女生指认，一百个女生都会说这是个男的。"

"那没办法了，谁让这个国家雌雄莫辨。"

后来我听说泰国为了照顾人妖的特殊性，专门设置了人妖厕所，而当没有此类厕所时，人妖选择上男厕或女厕都是被允许的（他们身份证上标注的是男性，但外表看起来像女性）。

这个规定可把我吓得够呛，虽然很人性化，但也给变态者大开方便之门，难怪J.K.罗琳会对此有所保留。

讲到雌雄莫辨，泰国其实是有先天上的条件，因为这里的男人普遍骨架小且有女相，所以男女切换没那么大的难度，换个虎背熊腰的洋人试试，绝对一秒破功！

也就是说，"雌雄莫辨"大概率是泰国独有的，如果把它当成一种特色，从这个特色，我看到了贫穷和无奈，也看到了宽容与尊重，对于佛教国家来说，也算不违和。

47、有关翻译和简繁体互换

根据统计,全世界约有4千万人使用繁体字,而简体字的使用者则超过13亿人。我呢恰巧是那4千万人之一,本来这也没什么,只要挑繁体字的书籍看或者上繁体字的网站购物即可,但某天我们全家移居北京,这可就麻烦了。

"妈,老师说妳得检查功课。"儿子放学后对我说。

"我检查了啊!"我答。

"很多错字。"

"很多错字?不可能!"

后来我才知道不是错字，而是很多繁体字，老师看不懂（或者看懂了，依然用简体字的标准来判断对错），全用红笔圈起来。

为了不给儿子拖后腿，我不得不自学简体字，但这不是一蹴而就的事，尤其当儿子明明写对了，我却让他擦掉，重新写上"不对"的繁体字，他的愤怒可想而知。

几个月后，我自觉已经有了很大的进步，不禁沾沾自喜，哪知很快被打脸，起因是朋友来我家，瞄了几眼儿子摊在桌上的作文簿，脸色明显不对劲。

"怎么，很多繁体字吗？"我问。

看她点头，我的心一沉，怎么自学那么久了，还是出错？莫非自己的学习能力就是这么差？

几年过后，我忽然看到一则报导——有几名台湾大学生到大陆实习了两年，简体字依然写不好。这下子我恍然大悟，原来不光是我一个人的问题，若想达到像大陆人一样的简体字书写能力，长时间（可能长达数年）的练习必不可少。

如今的我，不管简体字还是繁体字都能运用自如，所以非常清楚目前还没有一款简繁体互换软件能达到百分百无误，还得靠人工校对才行。

两天前，我看到亚马逊上有本大陆出版的繁体字小说正在销售，在好奇心的驱使下，我点击试读，果然是简繁体互换软件下的成品啊！当中的"错字"比例已经高到不可接受的程度，如果让一个惯用繁体字的人来读，肯定瞠目结舌，直呼："这也能出版？"

说完简繁体互换，我来谈谈翻译问题。三年前，我儿子将我的拙著《东瀛之爱》翻译成英文，那真是一段晦暗时期，往往一个句子，甚至一个词都要反复斟酌，速度之慢，宛如蜗行，以致三年后我问他想不想再翻译另外一本时，他直接拒绝，不带一丝犹豫。

有些人可能会有"到底由本国人还是外国人来翻译外国作品"的疑问，这个我有答案（还附带证据），且听我道来……

在一个偶然的情况下，我发现亚马逊上正销售中文版的世界名著，比较特殊的是译者是一名洋人。基于好奇，我点击试读，果然是英式中文（每个字都对，但读起来就是怪）；反观由中国人英翻中的作品就流畅很多。

为什么会有此现象？原因出在中国人在翻译过程中会反刍，然后将句子以中国人能理解的方式表达。

总结的结果是如果译者能很好地掌握两种文字，那再合适不过，倘若做不到，最好由母语和译本文字一致的人来翻译，譬如英翻中，那就由熟悉英文的中国人来翻译会好些，至少中国人读起来不会频频皱眉（缺点当然也有，那就是可能无法正确表达出作者的原意）。

以上是我的个人浅见，但既然此书谈的是我的泰国养老生活，此篇也应与泰国有关，这勾起了我的欲望。不瞒各位，来泰养老后，每次经过书店，我总想着如果我的书也能翻译成泰文，并且在这里销售就好了，但想归想，终究敌不过现实问题——首先，泰文是小众语文，潜在买家少了不止一星半点；其次，找会泰文的中国人翻译不难，但如果销量达不到预期，翻译费就沉重了；其三，虽然在泰国买不到泰文版，但我的中文版书籍能在曼谷的纪伊国书店下单，所以也不是一定非得有泰文版才行……

瞧！我总能找到理由宽慰自己，山不转路转，这也是获得幸福的一种态度，不是吗？

48、男执事

去过泰国的都知道,那里的按摩店遍地开花,但身为长住居民的我却选择过门不入,因为自从在清迈有了不快的体验后(按摩师边按摩边挖鼻屎),我宁愿找按摩椅按摩,也不愿再上任何一家"人工"按摩店,接受那从天而降的"加料"。

某天,我在某网站上看到中国博主发布视频介绍泰国的男执事按摩店,瞬间来了兴趣,什么是"男执事"?在镜头里,我看到这家按摩店的地方不大,采光也不佳,予人一种家庭理发店的感觉,还好价目表上的价格配得上这简约的环境,譬如泰式按摩只要300泰铢/小时,最贵的精油按摩也不过400泰铢/小时。视频至此,我还感觉不到男执事按摩与其他按摩有何不同,直到博主说他给男执事的小费是一小时1000泰铢（固定的，比按摩本身贵上两、三倍）时，顿时茅塞顿开，莫非……

这件事让我联想到另外一件事，有位国内来的女士到泰国的某家按摩店按摩，结束后，她泪眼婆娑地控诉自己遭男技师猥亵，结果店主人出面缓颊，表示是按摩前没沟通好的缘故。

在我看来，女士若接受男技师按摩（尤其是全身按摩），很可能已经默许了某类事情的发生。当然，事后那名女士也做了澄清，表示自己原先找的是女技师，经人游说后，才接受男技师的服务，不存在主观刻意，等于这件事最后成了罗生门。

我猜上文所提的男技师应该就是男执事的意思，"技师"很容易理解，但"执事"又是什么？为此，我特地上网查了一下，中国对于这个词的解释多样，包括所从事的工作、有职守的人、对对方的敬称、侍从等；圣经里也提到"执事"，指的是"教会的仆人"；而在日本，"执事"对应的英文是Butler（管家、仆人），虽然英文上的Butler不光指男的，但为了与女管家和女仆有所区别，执事在日本就只针对男的，也就是"男管家、男仆"之意。

（注：日本的男执事店乃由女仆店衍生而来，两者都把顾客当成主人，除了陪玩、陪聊之外，还提供情绪价值，至于有没有提供"额外"的服务，那就不能拿到枱面上说了。）

其实我还挺纳闷为什么"男技师"会被那位中国博主说成"男执事"？毕竟在泰语中并没有"男执事"一说，所以我猜想他玩的是日式暧昧，因为相比男模、猛男或男技师，"男执事"显得亦正亦邪，既不能果断地说涉黄（也许人家就是正儿八经做生意的），也不能果断地答没涉黄，大概只有真正经历过才能下结论吧？！

49、刺青

刺青又称文身或纹身，是用带墨的针刺入皮肤底层，从而在皮肤上留下图案或文字。

我对刺青最原始的"官方"印象是岳飞背上的"精忠报国"四个大字（原来岳飞他娘是第一个留名青史的刺青师傅）；在现实生活中，我也不乏见到身上刺龙刺凤的人，按照台湾人的说法就是黑道大哥，而按照香港人的说法大概就是古惑仔了。后来，我移民到新西兰，那里的毛利人（原住民）几乎都会在身上纹上大大小小的花纹，连脸也不放过，所以我的印象又进一步恶化——除了极少数个例（譬如岳飞）外，凡刺青者不是坏，就是落后。

谁能想到随着时间的推移，刺青渐渐被大众所接受，甚至视为一种时尚，然而我的内心深处还是相当抵触，因为人的偏见一旦形成，很难改变。

回到泰国，这里的刺青店虽没达到"俯拾皆是"的程度，但也不难找，再看路上行人（不论本国人或外国人），十之二、三有刺青，可见刺青在泰国已经相当普遍。

这一天，我出外遛狗，偶遇前面篇章里曾提到过的"老鼠"女士。

"这是……"我指着她的左手臂，"刺青？"

"是的。"

"不是贴纸？"

"不是贴纸。"

我倒吸一口凉气，以前没注意她的手臂有刺青，这一来，她的"大学老师"形象顷刻间便轰然倒塌。

"疼吗？"我问。

"刚开始还有痛感，后来就没什么感觉了。"

"刺多久时间？"

"最近的这个耗费了十个小时。"

我咋舌，乖乖，要我躺十个小时受罪，门儿都没有！

"妳刺的什么？"我佯装感兴趣地问，好掩饰内心的不以为然。

她遂将袖子卷起，好让我看个仔细，我因此清楚地看到上臂刺的是泰国很常见的挂饰（象征吉祥），手肘部位是朵花，前臂则是猫头鹰，整体的颜色偏蓝与粉，老实说，不难看。

"如果有一天妳不喜欢这些图案了，该怎么办？"我N问。

"这就是我为什么分三次刺青的缘故，非得等到自己很确定了才付诸行动。倘若有一天我不再喜欢这些图案，那就用衣服遮挡住，这不是什么大问题。"

"为什么妳会想刺青？"

"漂亮啊！我把它视为皮肤的一部分。"

其实话到这里就可以打住，因为根据过往的经验，人们并不想听忠告，但我就是忍不住"好为人师"，果然现在的年轻人都很有主见，听完我的"老人言"，"老鼠"女士立即表示刺青并不影响她的工作，何况人生苦短，考虑太多，什么都做不了了。

她一答完，我立即提醒自己该往"反方向"发展（没亮点也得找出亮点来），反倒是她把我的"反方向"又给"反方向"了，主动提起她的朋友不敢在日本的某些区域露出身上的刺青，因为刺青在当地被视为某类人的标志。

"黑道大哥。"我冲口而出。

"没错。"她笑了，"这就是文化差异。"

见说得差不多了，我总结："我认为妳的刺青很……"

本来想说漂亮，但听起来很虚伪（毕竟刚刚自己并不十分赞同）；如果不说漂亮，那该说什么？我一时搜索枯肠，正因为这几秒钟的蹉跎，"老鼠"女士的脸色开始由晴转阴，眼见就要下暴雨，还好我及时找到适合的字眼，表示她的刺青很Fashion（时髦）。

这个回答把"老鼠"女士的毛给抚顺了，她眉开眼笑地与我道别，我也大松一口气，庆幸自己的脑子没在关键时刻卡壳，否则瞬间就能树立一个敌人，对于"在泰朋友"已经很稀缺的我来说，这可不是好事啊！

50、赞美的力量

我住的大楼里有一位姑娘，依据她曾和俄罗斯人打过交道的情况看，我猜她如果不是俄罗斯人，便是俄罗斯周边国家的人，好比格鲁吉亚、阿塞拜疆、哈萨克斯坦等（这有点儿像苏州与上海挨得近，虽然两地方言不尽相同，但彼此也能沟通一样）。然而问题来了，在我的印象中，俄罗斯及其周边国家的人大多是一头金发或棕发，可是这位姑娘的头发却像墨汁一样黑，在排除染发的可能性后，我猜她的血液里多多少少有亚洲人的影子。

话说自从与这位黑发姑娘打过照面，我就从未见她笑过，加上不施胭脂和一身的肥肉，很容易让人过目即忘，然而依据我的判断，这应该是一颗蒙尘的珍珠无误，因为她的五官细致且皮肤光滑,如果瘦下来,再化点儿妆,我相信任何男人都会为她疯狂。

这一天,电梯门一打开,我便看到里面站着一位盛装打扮的女人。

"Hi."我打了声招呼,同时进到电梯里。

"Hi."她回复。

听她开口说话,我才忆起此人正是那位黑发姑娘。

"有派对吗?"我问。

"是的,我要去参加朋友的生日聚会。"

"很好。"

一答完,我转身面向电梯门,不一会儿,我又忍不住回过头去,赞美她今晚很漂亮。

"谢谢!"她边答边笑得花枝乱颤。

"我是认真的,妳真的好美。"

我的赞美完全没有刻意讨好之意,她是真的美,有点儿海伦娜·伯翰·卡特(英国女演员)的影子,只不过是大号版的。

等我步出电梯,再丢完垃圾回到大楼前面的广场,赫然发现黑发姑娘正和一群同样穿着华丽的朋友谈笑风生,看样子她们正在等网约车。

老实说，我有被惊艳到，今晚之前的黑发姑娘还像一潭死水，如今整个人活了过来，而且像打了鸡血似地无比亢奋（不谦虚地说，这鸡血八成是我打的）。

那日之后，神奇的事情发生了，黑发姑娘不再素颜，每次见到都顶着个大浓妆（大热天的，这挺遭罪）。虽然看着有些怪异，但相比从前，那要精神很多。

我怎么也没想到自己偶然说出的话具有那么大的魔力，能让黑发姑娘像变了个人似的。不讳言地说，经此事后，我更乐意夸奖别人，这不是虚伪的表现（找对方的亮点说，所以谈不上假意），而是传递正能量。那些得到正能量的人，往往又会把正能量再传递下去，几番兜转后，这世界不就和谐了？

听着很像蝴蝶效应是不？如果一只南美洲热带雨林中的蝴蝶偶尔扇动几下翅膀，就可以在两周之后引起美国德克萨斯州的一场龙卷风，那么一句赞美话的威力恐怕要高于前者，因为被赞美者很可能在极短的时间内"多向"传播正能量，等于呈几何级数增长，这效应可不是一场龙卷风能比拟，而是世纪大洪水。

写至此，我忽然发现不止自己改变了黑发姑娘，黑发姑娘也改变了我。啊！这世界就是这么神奇，不服都不行。

后记

我的泰国养老生活还在继续,后面的故事将写在《我的泰国养老生活2》中,感兴趣的读者们请继续关注。

作者介绍

在异国的背景下加入缠绵悱恻的爱情故事是B杜小说的一大特点，她的文笔清新、笔触诙谐、画面感很强，读完小说有种看完一部爱情偶像剧的感觉，特别适合怀春少女及对爱情有憧憬的女性阅读。

另外，B杜还创作了散文、严肃小说、系列小说等，欢迎关注。

ALSO BY B杜

我的泰國養老生活 1（繁體字版）

My Retirement Life in Thailand 1 (in traditional Chinese characters)

***

《法兰西情人》Love in France

《东瀛之爱》Love in Japan

《新西兰之恋》Love in New Zealand

《英伦玫瑰》Love in England

《爱在暹罗》Love in Thailand

《情定布拉格》Love in Prague

《狮城情缘》Love in Singapore

《爱上比佛利》Love in Beverly Hills

《梦回枫叶国》Love in Canada

《早安,欧巴》Love in Korea

《我在苏黎世等风也等你》Love in Switzerland

《迪拜公主的秘密情人》Love in Dubai

《马力历险记1之地球轴心》The Adventure of Ma Li (1): The Time Axis

《马力历险记2之黄金国》The Adventure of Ma Li (2): Eldorado

《马力历险记3之可可岛宝藏》The Adventure of Ma Li (3): The Treasure of Cocos Island

《B杜极短篇故事集(1~100)》A Word to the Wise (Tales 1~100)

《B杜极短篇故事集(101~200)》A Word to the Wise (Tales 101~200)

《B杜极短篇故事集(201~300)》A Word to the Wise (Tales 201~300)

《B杜极短篇故事集 (301～400)》A Word to the Wise (Tales 301～400)

《B杜极短篇故事集 (401～500)》A Word to the Wise (Tales 401～500)

《B杜极短篇故事集 (501～600)》A Word to the Wise (Tales 501～600)

《B杜极短篇故事集 (601～700)》A Word to the Wise (Tales 601～700)

《巫觋咖啡馆之梧桐路篇》

The Witch & Warlock Café on Wutong Road

《巫觋茶馆之浣纱路篇》

The Witch & Warlock Teahouse on Huansha Road

《鸿沟》A World Apart

《洁西卡》Jessica

出版社介绍

如意出版社（Luyi Publishing）在英国注册，致力于将优秀作品介绍给全球读者，联系方式如下：

邮箱1: Luyipublishing@163.com

邮箱2: Luyipublishing@gmail.com

www.ingramcontent.com/pod-product-compliance
Lightning Source LLC
Chambersburg PA
CBHW030052100526
44591CB00008B/113